枯れ木に花が咲いたら、迷惑ですか?
高齢者恋愛トラブル相談室

西本邦男

GENTOSHA

はじめに

高齢者の「欲」と「迷い」の中で

最近のお年寄りは若い。妙な言い方かもしれないけれど、お年寄りがお年寄りらしくない。そんな感じ、ありませんか。

たとえば、2009年から2012年にかけて世間の耳目を集めた「木嶋佳苗」事件。「出会い系サイト」とか「婚活サイト」というインターネットを通じて木嶋佳苗と出会い、そして**木嶋と関わって亡くなったとされる男性のひとりは80歳**でした。

80歳の男性が、ネットを使って女性と交際しようとした。お年寄りって何だったんだろうと思わされてしまいます。

この木嶋佳苗なる女性とネットを通じて知り合った80代や70代、50代、40代の方々、この「いい大人」たちは、「お付き合い」の中で数百万円から数千万円というお金を使ったとされていますし、息子さんや家族が止めようとしても聞きいれなかった、という経緯もあるようです。

性欲や金銭欲といった、**人間の「欲」と「迷い」を上手についてくるのが詐欺師たちの常道**ですが、インターネットの世界には、その「欲」と「迷い」が渦巻いています。ですから、高齢者のようなネット初心者がその渦に巻き込まれるのは簡単な話でしょう。

たとえば、4月21日の朝日新聞夕刊にはこんな見出しが躍っています。

「メール交換サイトにワナ」「半年で2000万円の被害も」「はまる40代以上」「各地で被害提訴」……。

この有料メール交換サイトをめぐるトラブルには、男女の出会いをうたったいわゆる「出会い系サイト」も含まれます。

また、ある男性週刊誌の表紙からは、こんな見出しが目に飛び込んできます。

「老人たちよ、元気すぎないか——介護の現場はセクハラだらけです」。

これらの件については、本文で詳しく述べますが、ことほど左様に、このところの「高齢者」あるいは「老人」の、従来の「お年寄り」「おじいさん」「おばあさん」のイメージとは大きくかけはなれた姿が何かと話題になっています。

ただ、話題になっているだけならまだしも、どうしてもトラブルとなり、ひいては法律問題になってしまいます。

いつまでも続く「現役」気分

人間は誰もが、同じように年をとるわけではありませんが、年のとり方というのは、かなりの程度、社会から「要請されたスタイル」「紋切り型」でいわれてきました。その昔なら「楢山」伝説で知られる「姥捨て」のようなこともあったでしょう。一般的には、**老人は社会的な役目を終えて、静かに、粛々と枯れていく**もの、とされていました。ところが、このところの日本人は、そういう年のとり方はしなくなってしまったようです。

世界に冠たる長寿社会となった日本国。女性の平均寿命が約86歳、男性の平均寿命が約80歳という人類未踏の超高齢化社会が現実となってしまいました。一般的には、65歳くらいからいわゆる「老人」といわれていたように思います。過日の「医療制度改革」の折、75歳から上は「後期高齢者」とされましたが、いまの75歳や85歳の人々の中にはまったく「後期」でも「末期」でもない人々がゴロゴロいます。

それどころか、たぶんご本人たちも、多くの方々が決して自分たちを「後期高齢者」や「末期高齢者」などとは思っていないでしょう。

先日、朝日新聞のアンケートで「65歳以上は高齢者だと思う？」という質問がありました。これは、さまざまな年代層の一万人以上に聞いたものですが、結果は、64パーセントの人が「そうは思わない」と答えています。

さらに、実際に65歳以上である人に限定して聞いてみた結果では、何と72パーセントの人が「そうは思わない」と答えています。ここから推測すれば、65歳くらいの人ならば男女を問わず、ほとんどが自分を「お年寄り」「老人」「高齢者」だと思っていないと見て間違いないでしょう。

ということは、**多くの高齢者が「現役意識」満々**ということ。これは、あの、永遠の青春を豪語する「団塊の世代」が、それこそ塊《かたまり》で60代に突入してからの雰囲気かもしれません。その雰囲気が「高齢者」の恋愛のハードルを下げ、そしてそれが上の世代に影響しているのでしょう。

まさに「いつまでも現役」感覚があり、実際、肉体も「まだ若い」。この両輪に乗って恋愛気分を持続する年齢も高くなり、高齢者の結婚、再婚が増えているわけです。また、その周辺事情で高齢者の「不倫」トラブルも増えるという傾向があるようです。

フランスなどでは当たり前とされている「事実婚」を、高齢者同士の恋愛の結果として選択する、ということも増えているようですが、これも大いに注目されるところでしょう。

もちろん、「ハッピーな高齢者恋愛」もあるけれど

まさに「ハッピーな高齢者恋愛」大隆盛といったところで、実際にさまざまなパターンがあるようですね。たとえば、65歳のある女性のケースでは次のような話の展開になっています。

5つ年上の男性と結婚した彼女は、40年近くにわたって世間的にはうらやましがられる結婚生活を送り、そして、2年前に夫が亡くなりました。その後、久しぶりに**故郷での高校の同窓会に出席した彼女は、そこで高校生の時に意識し合っていた男性と再会**します。

そうして、よくあるパターンかもしれませんが、ふたりは交際を始め、一気にいわゆる恋人同士の関係になったのです。

実は、彼女の結婚生活は、他人から見るほど幸せなものではなく、かなり窮屈なもので

した。というのも、男尊女卑的な風土が残る地域で育った夫は相当の亭主関白で、なんと妻である彼女に門限を課していました。それも、「午後5時が門限。5時までには家に帰っていること。それ以降は家から出てはならぬ」というもの。

ご近所の奥さんとお茶を飲んでいても、5時前になると大急ぎで家に帰らなければなりませんし、まして男性が参加している会合に行くなどということはとんでもない話。絶対禁止です。現代社会では、とても考えられないような現実離れした話ですが、しかし、この女性は数十年にわたる結婚生活を、その門限の中で過ごしていたのです。

当然、この門限は夫の死とともに解消されたのですが、そうした解放された気分が、新たな恋愛に向かわせたのかもしれません。また、相手の同級生の男性も、妻を亡くしていて、シングル同士というのも気持ちの高揚を後押ししたのでしょう。ふたりの関係は「ハッピーな高齢者恋愛」の成就となりました。

彼には子供がいませんでしたが、彼女には3人の子供がいます。子供はすでにみんな社会人ですが、やはり子供たちには自分の新しい恋愛のことはいえません。そうしたなか、ふたりは時間を合わせて**京都に旅行に行ったり、映画を見たり、食事をしたりという幸せな時間**を過ごします。さらに、彼女にとって便利な場所にワンルームマンションを借りて、ふたりだけの逢う瀬を楽しむということになりました。

彼女のときめきぶりは、よくわかります。それまでの窮屈な結婚生活に比べれば、まるで夢のような状態なのでしょう。こういうハッピーな高齢者恋愛については、そういう素敵な巡り合いがもう一度あって本当によかったですね、といってあげたいと思います。

彼女には、亡くなった夫が残してくれた財産もありますので、生活には困りません。ただ、やはり**新しい恋人と結婚するとなると、子供たちへの相続問題などがやっかいになる**かもしれないと考えて、ここから先は、いわゆる「事実婚」という形をとろうとしているようです。

このあたりの財産相続の問題や、事実婚での〝夫婦〟の相互扶助義務の問題などについては本文をお読みいただくとして、まずまず穏やかで幸せな「人生の第2章」を送ろうとしている彼女の選択を温かく見守りたいと思います。

本当にオレの子供だったのか!?

もうひとつ、「ハッピーな高齢者恋愛」のエピソードを紹介しておきましょう。こちらは、66歳の自営業の男性のお話です。

彼は、いわゆる団塊の世代のバリバリのやり手ですが、恋愛についても現役意識満々で、20代の、いわゆる〝愛人〟の女性がいました。事実として、この高齢者恋愛は「不倫」ということになりますが、年齢関係の面から見ると、これまたいま注目を集めている「年の差恋愛」のカテゴリーに入るかもしれませんね。

ともあれ、そうこうするうちに、その若い愛人に子供ができました。その事態に対して、彼は「それは絶対に私の子供ではない！」と言いつのり、愛人との関係もちょっと険悪になってしまいました。

なぜ彼がそういう言い方をしたのか。実は、彼は**パイプカットの手術を受けていた**のです。ですから、相手の女性が妊娠するはずがない、というわけです。それでも愛人のほうは、彼が父親だと言って譲りません。結局、DNA鑑定をしてみようということになりましたが、愛人の言うとおり、子供の父親は99・9％彼だという結果となりました。

納得のいかない彼は、パイプカットの手術をした医師をたずね、こういう話だけど、どうなっているんだ、と詰め寄ります。すると医師からは、簡単にいえばパイプを紐で結んで精液が通らないようにしてあるのだが、ときにその紐が緩んでしまうことがある、だからパイプカットをしたからといって妊娠の可能性はゼロではない、という答え。

これを聞いて、彼の態度は一変、大喜びの〝高齢者の父親〟となりました。「この年で子供を持てるとは思わなかった。よく産んでくれた。まだまだ頑張らなければと、元気が出てきた」ということで、**愛人に対してもいたわりを見せ、子供もすぐ認知する**ことになりました。

もちろん、家のほうには本妻もいますし、子供も2人います。けれど、本妻も子供も、できてしまったという事実と、彼の喜びようを見ると「仕方ないかな」という態度を保ち、愛人の子供の認知も、愛人に対する「お手当」も承知しました。

こうして、彼にとっての高齢者恋愛は、一応ハッピーな形で終わっています。

でも、彼が亡くなった後は、どうでしょう。本妻の本当の気持ちはどうなのか。遺産相続の時に、具体的な分配の仕方について本妻のほうの子供たちはどういう態度に出るのか。あるいは、愛人のほうの子供がまだ小さい場合、養育費などはどうなるのか。

こういった問題の対処の仕方も詳しくは本文を参照していただくとして、いずれにしても、私などの立場から見れば、彼の周りの人たちの「大人の対応」の向こうに見えるトラブルの芽が気になって仕方ありません。

高齢者の恋愛トラブルは、実は「財産トラブル」

また、2012年夏に発表された厚生労働省の推計では、認知症の高齢者は305万人とのこと。この**20年弱で3倍という急増ぶりで、65歳以上の高齢者約3千万人の1割以上**を占めることになってしまいました。

中でも、その認知症のうち「アルツハイマー型」が全体の3分の2を占めるという点に、大きな注目が集まっているようです。

そして、こうした恋愛気分の持続と、「アルツハイマー型認知症」による「ある種の恋愛気分」の突出の結果なのか、老人施設の中で恋愛し、「結婚」まで突き進む、というケースも見られるようになりました。この「結婚」が有効かどうかも、本書の中で見てみますが、これらの現象によるトラブルの焦点は、実は「財産相続」なのです。

それはそうでしょう。たとえば、老人施設に入所させた親が、子供の知らない間に結婚していた。まったく知らないおばあさんに、妻の法定相続分、つまり遺産の半分を持っていかれる。当然子供たちの分は激減する……。

あるいは、ネット経由の「結婚詐欺」や、わけの分からない「出会い」に老父が関わったことによって、下世話な話、子供たちが「あてにしていた」遺産が雲散霧消……。

世界が注目する、私たちの超高齢化社会。平均寿命、高齢化率、高齢化のスピードの3つで「世界一」の三冠王だそうですが、その超高齢化社会を生きている本人たちも、それを支えている息子や娘たちの世代、さらには孫の世代にとっても、すべてが初めて体験することばかり。

その中で**高齢者の「恋愛」によるトラブルが急増している**という現実。この多くは、実は、あなた自身に関わる「問題」なのです。

あなたが知らない間に、超高齢化社会日本の現実は、全世代恋模様の中で、大変なことになっている。そのことを本書で感じていただき、あなた自身と、親御さん、ご家族が、「若さにまかせた」トラブルに巻き込まれないようにするためにはどうすればいいのか考えるきっかけにしていただければ、と願っています。

枯れ木に花が咲いたら、迷惑ですか？　目次

第1章　「年の差婚」と高齢者「事実婚」の危うさ

第2章 介護現場での出会い、恋愛、その先の事態
―老人施設の中でいま起きていること―

第3章 高齢者恋愛トラブルと認知症

第4章

突然「財産トラブル」に巻き込まれる息子や娘たちへ

装幀／石間淳
装画／後藤範行
ＤＴＰ／美創
編集協力／谷村和典

第1章

「年の差婚」と高齢者「事実婚」の危うさ

「年の差婚」ならではの〝約束〟はあり得るのか

質問　加齢臭対策が約束？

このところ、**人気タレントの加藤茶さんや仲本工事さんなどの「年の差婚」が大きな話題**になりましたが、加藤茶さんは結婚するとき奥さんに「加齢臭対策として一日3回入浴」などを約束したという記事が週刊誌などに出ていました。これは「結婚の条件」ということになって、その条件を果たさなければ「離婚」の危機、あるいは離婚の原因となるのでしょうか。若いころの結婚では考えられないような「年の差婚」の「約束」というのは法律的にも通用するのでしょうか。

●状況は、こうなっています
ブームではあるけれど

男性週刊誌の世界では、以前から、中高年のセックスがらみの特集記事は定番のようなものでしたが、ここ最近は、特に高齢者の「元気さ」に特化した記事が増えたように思います。

たとえば、２０１２年前半で見れば、週刊現代では「老人たちよ、元気すぎないか」、週刊ポストでは60代の男性に取材をして、サブタイトル「ふたたび屹立！」メインタイトル「『奇跡の回春体験』オレもまだ男だ」やサブタイトル「男に〝終戦〟の二文字はないのだ」、メインタイトル「60過ぎて『モテキ』がキタ！」などを特集しています。

また、一般週刊誌とされる週刊朝日などでも、**60代の男女の性と愛をテーマにした記事**を断続的に掲載していました。

さらに、このところのテレビのワイドショー的興味を支えた大きな話題のひとつに、高齢の男性芸能人と若い女性の、いわゆる「年の差婚」がありました。マスコミは一種の「高齢者ブーム」の様相を呈している感があります。

私どもは、いわゆる民事紛争の解決を手掛けるだけでなく、高齢者の権利擁護や老人施設のコンプライアンスのお手伝いも重要な業務と位置づけていますので、マスコミの動向も日頃から気にかけています。

こうした、各週刊誌などによる高齢者の性や恋愛をテーマとした記事作りなどを見ていると、それは「高齢者」をキーワードとした商業マスコミ的「煽《あお》り」なのか、現実にある傾向に即した報道なのか、あるいはその両方なのか、きちんと見極めることが必要だと思われます。

困った状況　「まだ大丈夫だ」

「年の差婚」は現在のブームのようにいわれますが、実は「事実婚」のような形で昔からあったことのようです。これは小説ではありますが、池波正太郎さんの代表作『剣客商売』などでも、主人公の**秋山小兵衛は60代の老剣客でありながら20代の女性と非常にいい感じ**の「夫婦生活」を送っています。

私たちの知っているところでも、ちょっと前の話ですが往年の二枚目俳優上原謙さんが60代後半で20代の女性と結婚し子供を作りましたし、歌舞伎の人間国宝中村富十郎さんも同じく60代後半で33歳年下の女性と結婚し、70代に入って2人のお子さんをもうけました。

このところの「年の差婚」カップルの続出は、それがもう特別なことではなく、まあ、当たり前にあることになってきているということを世間に印象づけたわけです。

そのことで、これは困ったことかどうかは分かりませんが、長くシングルを続けている中高年の男性に「まだ大丈夫だ」という妙な安心感を与えたのと、妻を亡くしたり離婚したりして現在シングルという高年齢男性に「再び、青春！」の夢を持たせてしまう状況が生まれたわけです。

さて、質問の加藤茶さんが奥さんに約束したという〝一日3回入浴する〟との「結婚の条件」ですが、これは、加藤さんが68歳、奥さんが23歳という、**年の差のある結婚でなければ考えられない**約束ですね。

答えは、こうなっています　離婚理由にはならない

社会通念からいえば、そんな約束をしたとしてもそれが「法律上守らなければならないものとは考えていない」、というのが当事者の意思だとするのが妥当でしょう。ですから、

「一日に3回入浴する」という約束が守られなかったとしても、それが離婚原因ということにはならないと思います。

でも、もうひとつの答えもありますよ

当事者ふたりの約束違反は、法律上「離婚原因」にあげられていません。

でも、**「結婚において何が一番大切か」は当事者が決めるもの**だということもできますね。つまり、ふたりの約束の大事さ、重さということに関しては、それは他人には「はかりようのないもの」なのです。

「ふたりの約束」について、社会通念や常識などを持ち出しても、それは当事者の気持ちを推測する経験則や間接事実にすぎません。ですから、社会通念や常識で「普通はこうでしょ」とまではいえたとしても、当事者がこれは絶対守られるべきで、これが守られないなら夫婦関係を続ける意味がない、というのであれば、「一日3回入浴」という結婚条件の違約は「婚姻を継続し難い重大な事由」として離婚原因になり得ると思います。

セックスの回数も結婚の条件として通用するのか

質問 セックスレスになったら

年の差婚の当事者同士で、**「セックス」の部分でも、週○回は大丈夫、ということだった**のですが、どうも結婚後1年でそうは行かなくなった、という現実に直面することになりました。

こういう「週何回のセックス」というような約束が果たせなくなった、あるいはそういう約束はなくても、何年かの時間経過の結果「セックスレス」になった、ということで結婚生活がうまくいかなくなり、離婚トラブルに、というのはあり得るのでしょうか。

●こういう現実があります

「経過時間」の内容が違う

現在65歳の男性。妻は現在35歳。自分は、いわゆるバツイチ。5年前、60歳と30歳の年の差婚をしました。

デザイン会社を経営していて、そのときの優秀で可愛い女性社員を個人的にも気に入り、付き合いだして結婚。妻は結婚後も会社で仕事を続け、自分は2年前から自宅で仕事ができるようにして、会社は成長した妻に任せています。

現在、会社は実質妻が仕切っていて、夜帰りも遅くなった。自分は妻の帰りを待つ毎日。2年前から完全にセックスレスとなり、それに伴うように半年前から、離婚とともに、会社も譲ってくれという申し出があり、どう対応したものか迷っています。

年の差婚は無理だったのでしょうか。幸せな年の差婚だったはずが、同じ5年という時間でも、**成長するほうと、衰えるほうの5年という時間の違い**を痛感しているところです。離婚に応じるしかしようがないでしょうか。ふたりの間に子供はいません。

困った状況　性生活は重要だが

元気な高齢者の増加とは、当然のことながら性的な部分でもいわゆる「現役」である高齢者の増加ということでもあります。そして、このことが高齢者の恋愛気分を現実に支えているというわけです。

ただ、残念なことに、若い頃のように、これからますます盛ん、というわけにはいかないのも現実です。いずれにしても、加齢とともにその部分は衰えていくもの。いくら、バイアグラをはじめとするその方面の薬の処方も以前に比べると普通のこととなったとはいえ、すべてを薬で解決できるわけではありません。

一方、性生活というのは、それなりの年齢の当事者の結婚生活の中で大きな要素を占めているわけですから、このことをまったく無視して夫婦関係を続けるというのもなかなか困難なこと。

年の差婚の場合は、**結婚当初の盛り上がりとは別に、年ごとに性のテーマが重くなってくる**といえるでしょう。

● 答えは、こうなっています

離婚原因になり得る

性交渉の拒否が離婚原因になるのか、ということで争われたケースは結構多くあります。そして、これまでの大方の裁判例は「夫婦の性交渉は婚姻関係の重要な要素であるとしても、**必須のものともいえないから**」としています。つまり、夫婦生活における「性生活」の部分については、消極的に理解しているというわけです。

しかし、一方で「性交渉の有無は夫婦関係が破綻しているかどうかを見る重要なポイント」とされていますので、当事者の「性交渉」についての意識によっては、先の「入浴回数」の合意以上に離婚原因になり得ると思われます。

したがって、**軽々しく「回数の約束」などしておくと、あとで墓穴を掘る**といったことにもなりかねませんので、ご用心ください。

「年の差婚」の末の「介護」をめぐる離婚要求

質問　「介護」したくないからといって

最近の年の差婚ブームに先駆けて、私の友人は、10年前に65歳で35歳の女性と結婚しました。その当時、30歳の差婚と聞いて、うらやましい気持ちとともに、他人事ながら、「いまは良くても、彼がもっと年をとり、介護が必要になったらどうなるのだろうか。彼女に本当に面倒をみる気があるのか」とも思ったものです。

そして最近、彼に会うとまったく元気がありません。現在彼は75歳で体調もすぐれないし、鬱《うつ》のような状態のときもあるとか。

そして、その元気のなさの主な原因は、まだ40代半ばの妻から「あなたと結婚するときは、**あなたの介護をしなければならないとはまったく思っていなかったし**、介護をすると約束した覚えもない。だから、あなたを介護しなければならない状態になる前に離婚をしたい。それがいまだと思うので、すぐ離婚してほしい」といわれているらしい。

ひどい話だと思いますが、だいたい、介護が大変だ、**介護をしたくない、という理由で離婚できる**のでしょうか。

答えは、こういうことです　認められない

もちろん夫のほうが妻の離婚要求に同意してくれればよいのですが、そうでなければ離婚は認められないでしょう。

考え方の基本　夫婦は互いに助け合うこと

民法は、「夫婦は同居し、互いに協力し扶助しなければならない」と定めています。これが、夫婦の「扶助協力義務」です。

また、それよりも、夫婦というものは結婚式の誓約で「健やかなるときも、病めるとき

も……」ということを人にも神仏にも高らかに宣言しているわけです。

ですから、介護をしたくないというだけで離婚を認めるのは、民法にも、**結婚の誓約宣言の精神にも真正面から反する**ことになりますね。

まず法律上では、裁判で強制的に離婚できる「離婚原因」は以下のように定められています。紹介しておきましょう。

第七百七十条 夫婦の一方は、次に掲げる場合に限り、離婚の訴えを提起することができる。

一 配偶者に不貞な行為があったとき。
二 配偶者から悪意で遺棄されたとき。
三 配偶者の生死が三年以上明らかでないとき。
四 配偶者が強度の精神病にかかり、回復の見込みがないとき。
五 その他婚姻を継続し難い重大な事由があるとき。

2 裁判所は、前項第一号から第四号までに掲げる事由がある場合であっても、一切の事情を考慮して婚姻の継続を相当と認めるときは、離婚の請求を棄却することができる。

これらの条文の中には、一見して、「介護が大変だ」ということに直接あてはまるものはありませんね。

裁判所は、こう考えています

容易に「離婚」とはならない

たとえば、その「介護」の背景に相手の「認知症」があれば、四号に書かれている精神病の規定を適用できるのではないかとも思えます。

しかし、実はこの規定自体に批判があり（今後の民法改正の際には削除されるともいわれています）、裁判所も精神病を理由とする離婚は容易に認めていません。

1958年（昭和33年）7月25日に、最高裁は、この条文の要件にあたるとしても、精神病に罹患した当事者にとって離婚しても酷な状況にはならないという場合に限り、離婚ができるというような判断をし、以後裁判所は同様の判断を繰り返しています。

ですから、認知症で介護が必要になった場合でも、この**四号の規定を理由とした離婚請求はことごとく棄却**されているようです。

また、五号に書かれている「その他婚姻を継続し難い重大な事由があるとき」という条文に該当する場合も考えられなくはありません。

しかし、先述の夫婦の扶助協力義務からしても、世間の常識としても、「介護が大変だから婚姻を継続し難い」という判断はあり得ないだろうということです。

ただし、過去の判例では、この五号に基づき、**認知症になった17歳年上の妻との離婚を求める夫の請求が認められた**事例があります（長野地裁1990年〔平成2年〕9月17日判決）。

この事例では、「痴呆になった妻を夫が看護すべき」とはいわず、逆に、「痴呆になった妻は夫婦の協力義務を果たすことができないのだから離婚を認めるべき」として、離婚請求が認められました。

このケースは、当時はセンセーショナルな判決としてマスコミでも相当に取り上げられたようですが、それだけに批判も多く、その後このような判決が増えたとも聞きません。

この判決は、あくまで例外的な事例と見るべきだろうと思います。

「介護をしてくれない」若い妻と離婚できますか？

質問 **実際に介護を放棄したら**

「介護をしたくないから、その前に離婚したい」という若い妻からの要求は、だいたい認められないということは分かりました。

でも、そうだとしても、つまり離婚にはならなくても、実際に年老いた夫の「介護をしない」「介護を放棄する」という若い妻がいるかもしれません。

ですから、反対に年老いた夫のほうから自分が寝たきりになったのに「若い妻が介護をしてくれない」、ということでの離婚は認められるでしょうか。

「寝たきりになった夫の**面倒もみないくせに、財産目当てで籍だけ残す**というのはとんでもないことだ」という見方をする人も多いのではないでしょうか。

答えは、こうなっています

夫婦でいる意味がない

裁判所は、一般に、別居が5年以上に及び、かつ未成年の子がいないなどの事情があれば、「夫婦関係は破綻している」として、先述の五号の規定による離婚を認める例が多いようです。

しかし、質問のようなケースでは、「5年間待たなければならない理由はない」と思われます。夫が生きていくには介護が不可欠で、今後も症状の回復が見込めないのに、妻がこれまで介護をしておらず、今後も介護をする気がないならば、もはや夫婦でいる意味がない、夫婦関係は完全に破綻している、と認定されやすいでしょう。つまり、離婚成立ということ。むしろ、先述の二号の規定の「悪意の遺棄」に該当して離婚が認められる場合もあると思います。

なお、本人が認知症になってしまい、**もはや裁判をするということの意味も理解できないようになってしまった場合は、実際に本人の面倒をみている人が本人の成年後見人になり、本人の名で妻に離婚調停、離婚訴訟を起こすことが可能です。

「介護が必要になったら離婚」という“条件付き”だったら？

質問　「介護しない」という条件

誰しも、結婚をするには、いろいろな「条件」があると思います。

年の差婚の場合、「元気なうちだけ一緒にいる」、つまり**介護が必要な状態になったら離婚する**」という「条件付き」で結婚をする人もいるかもしれません。中には、それを書面で残す人もいるかもしれないですね。

こうした「条件付き」だった場合なら、「介護」状態が離婚理由になるのでしょうか。

答えは、こうなります　法律的には「ノー」

「介護」をする、しないというような生々しいものから、「ずっと相手を名前で呼ぶこと、そうでなければ離婚」というようなほほえましいものまで、結婚や離婚に「条件」を付ける人は多くなっているようです。

しかし、そのような「条件」に法的な意味があるかといえば、「ノー」なのですね。結婚、離婚という行為は教科書的には「身分行為」と呼ばれ、**「身分行為」には「条件」を付けることができない**とされています。

ですから、「介護が必要になった」という「条件」が成就したから当然に離婚が認められる、というわけにはいきません。

書面にしておけば、ということですが、最近では「収入の管理」や「家事・育児」、「親の介護」など、結婚の際に気になるさまざまなことについて契約書を交わす「結婚契約書」が注目を集めているようです。

結婚の条件は、結婚生活を営むにおいて事実上意味を持つことはありますし、離婚にあたってその判断材料のひとつになり得ます。「結婚契約書」があればトラブルが生じたときに、そんな約束はしていないという争いを避けることはできそうです。

相手は寝たきり。勝手に離婚届を出したら、どうなる？

質問　勝手な届出は認められるか

年の差婚のトラブルも増えてきた最近では、「裁判所に行っても離婚は認められないというし、それならば**相手は寝たきりだから、勝手に離婚届を出してしまえ**」という、恐ろしい発想を持ち、さらには実行してしまう人がいると聞きます。そんなことで「離婚」が認められるのでしょうか。

答えは、こうなっています　無効であり、犯罪になる

「離婚届」には実印すら必要ありませんし、役所で筆跡鑑定をするわけでもありません。

勝手に「離婚届」に名前を書いて、三文判を押して役所に出す。こういうことが、現実には驚くほど簡単にできてしまうのです。そして、戸籍上はこれで離婚が成立してしまいます。

しかし、そのような離婚は、法的にはもちろん無効です。

勝手に離婚された側が裁判所に「離婚無効確認」の調停、訴訟を提起して認められれば、離婚自体がなかったことになります。

それだけでなく、勝手に相手の名前を書いて離婚届を作り、これを役所に提出することは、**有印私文書偽造、同行使、公正証書原本不実記載という立派な犯罪**なのです。

なお、「相手が勝手に離婚届を出しかねない」と思えば、「離婚届不受理申出書」という書類を市区町村役場に提出しておけば、相手が離婚届を役所に持って行っても、窓口で受理を拒否してくれます。

一般にはあまり知られていない扱いかもしれませんが、夫婦仲に不安のある人は知っておくとよいでしょう。

「年の差婚」で子供ができたら

質問

子供と法律

67歳の男性ですが、まだ男性機能にも自信を持っています。このたび、30代の女性と再婚することになり、子供ができてもかまわないと思っていますが、先妻との間の子供もいますので、**新しくできる子供について、法律的に気をつけておくべきこと**はあるでしょうか。

答えは、こうなります

離婚ならば「親権」を明確に

先に紹介した上原謙さんや中村富十郎さんの例を出すまでもなく、夫が高齢でも妻が若い女性であるならば、子供ができるということは十分に考えられます。

ただ、**高齢の夫が先に死亡する確率は非常に高い**わけですし、その前に夫の高齢化で結婚生活がうまくいかなくなり、離婚ということになるケースも多々あります。

遺産相続に関しては、子供たちとの関係が良好であれば「法定相続」で納得ということになるでしょうが、先妻との子が後妻と遺産分割協議するというような状況を思い浮べると、遺言書を作成するということも考えていいでしょう。

もし離婚という事態になれば、考えなければならないこととして、財産分与のほかに、未成年の子供がいるならその「親権」はどちらになるのか、また今後の「養育費」はいくらにするか、親権のないほうは子供と会う権利をどれだけ持てるのか、といった課題が浮上してきます。

とりあえず高齢者の「お金」が魅力、という若い妻もいる

質問　メリットは、お金だというけれど

高齢者男性相手の「年の差婚」でもかまわないという若い女性（20歳以上違う場合を、典型的な年の差婚というようですが）が、そのメリットとしている一番のポイントは**高齢者の「経済的豊かさ（年金・遺産を含む）」、つまり「お金」**だということです。しかし、ブームの「年の差婚」とはいえ、そういう、いわば「お金目当て」の結婚がうまくいくものでしょうか。「お金」をめぐるトラブルは発生しないのでしょうか。

困った状況　貯金通帳を持ち出す

78歳の男性と43歳のヘルパーさんの「年の差婚」の例を見てみましょう。世間一般では43歳は若い女性とはいわないかもしれませんが、78歳の高齢者にとっては、十分に若い女性です。

日頃からのヘルパーとしての仕事の中で「恋愛関係」となったふたりですが、男性の70代は高齢者とはいえまだまだ男性意識が十分あることが知られています。

ただ、ヘルパーというのはいわば他人の個人の暮らしに入り込む仕事ですから、自らの個人的なことを仕事に持ち込まないというのが作法です。ですから、彼女は結婚話になったタイミングで、さっさとヘルパー事業所をやめました。

そして、これだけなら、まあまあ、そういう「年の差婚」もありますか、ということですが、問題は彼女が**男性の貯金通帳を持ち出した**こと。

高齢者というのは基本的に「防御的」な生活態度をとっているものですが、おおむねこの78歳の男性のように、一度でも性的接触を含む密接な関係を結んでしまうと、やはり高齢者的なゆるさが出てしまいます。ですから、貯金通帳でもクレジットカードでも「ちょっと出して。預かっとくから」と女性から言われ、何の抵抗もなく出してしまいました。このあたりの状況は、いわれているような「木嶋佳苗」事件の様相とよく似ているような感じがします。

この例でのヘルパーの女性は、相手の高齢者との「婚姻届」と引き換えという形で「貯金通帳」を手にします。そして、その貯金通帳の数千万円は彼女の息子の事業のために、すぐに引き出され、使われてしまいます。

状況の捉え方

婚姻届と引き換えだが

訪問介護のヘルパーさんという仕事でいえば、中には暴力団がらみのような悪質な事業者もいて、高齢者男性のところへ行くヘルパーさんにわざわざミニスカートをはいていくような指示を出して、高齢者男性に対して何事かをたくらむという事例もあります。

この例の「年の差婚」の場合は、ふたりの婚姻はもとより、貯金の引き出しにも驚いた男性のほうの家族がクレームをつけるという展開になりました。

そのクレームに対して、女性の言い分は、確かに婚姻届と引き換えに貯金通帳を受け取ったが、**婚姻届を出しているのだから「結婚詐欺」ではない**、というのが一点。もう一点、通帳の金は自分の息子の事業に使ったのも確かだが、それは息子が成功して自分たち夫婦の面倒をみてくれるための資金だから、これも決して詐取ではない、というわけです。

こうなると、これはあくまで夫婦間の問題ということになり、高齢者男性本人が何かいわない限り、表だったトラブルとはなりにくいということになりますね。

現在の高齢者は、世代的に、親切にされるとお礼の気持ちをお金で表現しようとすることが多いようですし、「愛情」の表現もお金、というパターン。たとえばセックスなどもお金で済ませてきたという世代なのでしょう。

とりわけ、会社の社長だったなどという**高齢者は「気持ち」イコールお金、という発想がぬけきらない**ようですね。

このヘルパーと高齢者男性の「年の差婚」は、そういう「高齢者の気持ち」の傾向につけ込まれたのかもしれません。

賢い対応の仕方　暮らしぶりに妙な変化はないか

高齢者本人は、何も問題を感じていないのですから、ただただ幸せを祈るばかりです。

ただ、子供たちや近親者は、こういう「被害」にあわないようにするためには、どうすればいいのでしょうか。

当然、ヘルパーを派遣するヘルパー事務所はよく調べた上で信用できるところ、仕事がきちんとしているところを選ばなければなりません。当然のことながら、風俗店で見かけるような**ミニスカートのヘルパーが来るようなところはNG**ですね。

そして、近親者が一番やらなければならないのは、ほったらかしにせず、きちんと高齢者のところへ行って介助の実際を見る、高齢者の様子を自分の目で見るということでしょう。そこで、お父さんやお母さんがいままで持っていなかったものを身につけてないか、生活ぶりに変わりはないか、暮らしぶりに疲弊感はないか、逆に妙に華やかになってないかなどを見て感じることです。

とにかく、これはおかしいと思ったときはすぐに本人に話を聞き、また通帳などを確認することも必要です。時にはヘルパー事務所、社会福祉事務所、民生委員等に相談することも必要と思います。

ひとり暮らしの高齢者を戸別訪問するのはヘルパーに限るわけではありません。訪問販売員、民生委員、宗教の信者など、どんな立派な仕事や活動をしている人たちでも、悪いことをする人はいます。そして、ほとんどの場合、「明るいところ」で悪いことをする人はいません。

ですから、**閉ざされた個室に当事者だけを置いておくのではなく、常日頃から高齢者と密に交流をする**ことが一番大切と思います。

もちろん、大半の訪問介護のヘルパーがまじめに高齢者の家事、入浴、排泄などの生活介助の仕事をしている中で、親切にされてうれしくて仕方がない高齢者がいるわけです。

そして、そこから愛が芽生え結婚へ。こういう純愛物語の「年の差婚」も出てきています。

ぜひ、お金だけではない、ハッピーな「年の差婚」であってほしいものだと思います。

資産家と結婚した若い妻がすぐに離婚したら、財産は？

質問　「莫大な慰謝料」はあり得るのか

前項の例とまるでスケールの違う話で恐縮ですが、最近の話題で、元ビートルズのあのポール・マッカートニーがヘザー・ミルズと離婚した際、50億円近い慰謝料を支払ったといわれています。

このふたりは26歳差の「年の差婚」で、なおかつ典型的な「資産家と若い女性」の年の差婚でもありました。

「50億円近い慰謝料」という報道が事実かどうかは分かりませんが、**ふたりの結婚生活はわずか4年（同居期間は2年）であったのに、裁判所が莫大な慰謝料を認めた**として、イギリス国内はもちろん、日本でも大きな話題となりましたね。

こういう事態は、日本でも同じことが起きるのでしょうか。つまり、資産家と結婚して短期間で離婚した場合に、莫大な慰謝料が認められるのでしょうか。

答えは、こういうことです　日本ではあり得ない

もしそういうことをもくろんでいる若い女性がいたら残念がるかもしれませんが、答えは「日本においては、ノー」ということ。「ポール＆ヘザー案件」スケールの莫大な慰謝料は、日本ではあり得ません。

考え方の基本　慰謝料と資産は本質的には無関係

日本においては、**離婚に際しての財産分与は、1、財産分与　2、養育費　3、慰謝料の三つ**があります。

1の「財産分与」は、婚姻中に夫婦が築いた財産を分与するものです。

専業主婦でも、内助の功を評価して50％の清算が認められるのが原則ですが、分与対象はあくまで婚姻中に築いた財産です。

つまり、ポール・マッカートニーの場合はヘザーと婚姻後も相当な収入があったでしょうから「婚姻中に築いた財産」も莫大なものだったでしょうけれど、**すでに財産を築いて隠居している資産家と結婚したならば、婚姻中に築いた財産は皆無、よって財産分与もゼロ**ということにもなり得るわけです。

2の「養育費」は、未成熟の子供がいるときに、子供の親権者となる親が相手に請求することが認められるもの。ですから、ふたりの間に子供がいなければ、そもそも養育費は発生しない、ということです。

養育費に関しては、親の収入に連動して高くなるような算定方式が一般に用いられています。真偽のほどは不明ですが、日本人メジャーリーガーのエースと女性タレントとの離婚の際に、サラリーマンの収入を遥かに超える養育費が報じられたのを覚えている人も多いでしょう。

問題は、3の「慰謝料」ですね。

慰謝料は、精神的苦痛を慰謝するために支払われるものですから、その金額は、当然一方の当事者が他方から受けた精神的苦痛の大きさに比例するわけです。

ここでは、当事者が資産家であるかどうかは、考慮されないではありませんが、それは慰謝料を決定する際の本質的な要素ではありません。

●答えを詳しく見てみましょう

100万～500万円が相場

慰謝料にもある程度「相場」があります。

過去の家庭裁判所における調停内容、決定内容を統計的に分析すると、**大半が100万円から300万円ほどの範囲**に収まっており、500万円程度の慰謝料を認めた例がちらほら散見されるという程度というのが日本の現実のようですね。

ですから少なくとも日本では、相手側にどんなにひどい行為があろうとも、「ポール&ヘザー案件」のような、わずか4年の結婚生活で、約50億円の慰謝料が認められるなどということはあり得ないといってもいいでしょう。

自分より年下の「父の妻」が現われた子供たちの悩み

質問 **もともとの子供たちとの関係**

「年の差婚」では、当事者同士は盛り上がっているのに、その周囲の人間たち、特に高齢者である父親が「年の差婚」の当事者になったときの子供たちの戸惑いと、悩みは深いと聞きました。そのことが**親子断絶や家族崩壊、ひいては遺産相続のトラブル**になっては「年の差婚」の喜びどころではないと思います。

「年の差婚」の際の子供たちとの良好な関係の保ち方は、どう考えておけばいいのでしょうか。

困った状況の例　子供たちが父の「若い妻」を認めない

お母さんが亡くなって10年、お父さんが子供たちより若い人と再婚したのだけれど亡くなった母の気持ちをおもんぱかってか、**子供たちが再婚相手を受け入れないケース**がありました。

当事者のAさんは、大手企業のエンジニアだったのですが、40歳で独立し、町工場を立ち上げ、成功した人。長男は大学卒業後、父親の片腕となって働きました。

ところがAさんが65歳の頃に奥さんが亡くなり、それから2~3年して30歳年下の女性と再婚したのです。その時点では、子供たちはみな40歳を超え独立して家庭を持っていました。

父と同じ会社で働き、自宅にも行き来する長男は、表面は仲良く若い〝母〟とも付き合いましたが、いつしか父夫婦との交流はなくなり、会社でも父親や古くからの社員とは距離を置くようになりました。

そうして、Aさんは、やむを得ず長男が会社を設立し、独立するのを認めました。さらにAさんは、息子の行動は自分の「年の差婚」再婚が原因かと思い、長男の会社に何かと援助しましたが、いつしか長男の会社はうまくいかなくなり、つぶれてしまいました。

定職にも就けなくなった長男は、姉に借金をするようになり、姉は弟を不憫に思い援助をしましたが、弟は立ち直ろうとする気力を持てず、姉への無心を続けたのです。しかし、父には一切援助を求めませんでした。

答えは、こうなりました　遺言書の効果

Aさんは、死の間際、**弁護士を呼び、遺言書の作成を依頼**しました。遺産分割にあたり、子供らの「遺留分」を侵害しない範囲で妻がすべてを相続することとし、そして思い出となる書画骨董などの動産の配分を妻に委ねました。

そしてAさんが亡くなったとき、若い妻は彼女なりに配慮して、自分に配分を委ねられた遺産としての動産の中から、長男に「望むものをとるよう」に求めたのです。でも、望むものを聞かれた長男は、値の張る物が多数ある中、生活に困っているにもかかわらず、父親と一緒に作った思い出の機関車の模型を求めただけで、それ以外を望みませんでした。

Aさんにしろ、若い妻にしろ、また長男にしろ、それぞれに気持ちの現われた対処の仕

方だったと思いますが、これも「年の差婚」がもたらした、ひとつの家族模様であったわけです。

ただ、Aさんが遺産相続に関しては、**きちんと遺言書を弁護士とともに作成していたこと**で、いわゆる「泥沼の遺産争い」にならずにすんだ、とはいえると思います。

「年の差婚」とセクハラ、パワハラは紙一重ですよ

● 質問　**純粋な好意なのに**

「年の差婚」ブームに刺激されたわけではないが、妻と死別して5年、60歳の自分はまだ現役だし、ちょうど社長をしている会社にタイプの女性社員がいる。32歳で独身だから、今度食事に誘ってみようと思う。と、こういう話を総務部長にしたところ、「社長、それはセクハラですよ」と注意されてしまいました。

自分では、**純粋に好意だけに基づく行為だというつもり**ですが、それでもむつかしいのでしょうか。

●困った状況　無理解な高齢者

「年の差婚」ブームに乗ってか、乗せられてか、あわよくば自分もと思っている社長や部長がいて、若い女性社員に意中の人がいる。こういうとき、強引に接触を試みると、いわゆる「パワハラ」「セクハラ」ということで雇用機会均等法に基づく指弾をうけることになる、などの状況がよくあります。

いまだに、パワハラ、セクハラをきちんと理解していない男性「上司」がたくさんいるということですね。とりわけ高齢者に多いので、そういうことになりがち。

ちょっと食事に、とか、飲みに行こうよといっても、相手がいやなら、それはセクハラ。理由のない残業やら出張同行命令なども同様です。

ご存知のように、「セクハラ」は「セクシャルハラスメント」の略で、女性に対する性的嫌がらせ。相手の気持ちに反する性的言動。これは、**雇用機会均等法により、防止措置、苦情処理が事業主に義務付け**られています。

「パワハラ」は「セクハラ」に対応する造語ですが、職場で上司が部下に対して、業務上の上下関係（パワー）を使って、必要の範囲を超えて、相手の人格と尊厳をそこなうような言動を継続的に行うこと。侮辱、脅迫などの刑事責任、あるいは民事上の不法行為責任を問われることがありますし、使用者から懲戒処分などを受けることも考えられますよ。

●賢い対応の仕方 思い込みに注意

高齢者の上司の鉄則。まず、自分は彼女に好意を持たれているなどと思い込まないこと。彼女は単に上司として気をつかっているだけ、というケースが多いのですよ。

それでも、きちんとしたお付き合いの中で、めでたく「年の差婚」になれば、それはそれで結構な話。できるならば、年の差婚の場合は、妻と死別したとかバツイチの男性が多いでしょうから、ここまで説明してきたような「子供たち」との関係にも十分留意しておいたほうがいいでしょう。

ただ、年の差婚ブームにのって調子づくのもいいですが、これが**年の差婚ではなく年の差恋愛**となると、実は男性には正妻が元気にいて、というケースも多いはず。こちらは正妻との熟年離婚トラブルになりかねませんから、ぜひご注意ください。熟年離婚は本当にやっかいですよ。

法律コラム

セクハラとペナルティ

ここで、少し「セクハラ」、セクシャルハラスメントのおさらいをしましょう。このことばは、日本では、主に雇用の場において使われてきました。上司が部下に性的関係を求め、拒否されたことから仕事に協力しない、冷たくするといった行為です。

懲戒事由になりますし、被害者からは加害者に損害賠償請求ができます。悪質な場合は**強制わいせつ罪、強姦罪等で処罰**されることもあるでしょう。

立場の強い者が、その立場を利用し、立場の弱い者に対し行われることが問題ですから、雇用に限らず、学校、刑務所など一定の権力関係を利用した性的嫌がらせもセクハラというようになりました。

この「立場を利用するケース」でなくとも、聞こえるところで猥談をする、目に入るところにヌードポスターを掲示する、必要もないのに年齢を聞くなどの行為で「職場環境を害すること」も含めていわれています。

直訳して、単に「性的嫌がらせ」といっても間違いではないでしょうが、このように「セクハラ」は仕事や職場、労働に関わる問題と理解されてきました。

事実婚を選ぶ高齢者たちも増えましたね

質問　**なぜ増えたのか**

最近、プロゴルファーの尾崎健夫さんと女優の坂口良子さんが、十数年の「事実婚」をへて入籍・挙式したということが話題になりました。彼らだけでなく、このところ**「実は事実婚なんだよ」という熟年カップル**が多くなりました。

「事実婚」ということばや形も以前はなかったと思いますが、なぜこのところ増えてきたのでしょうか。

基本的な状況　**事実婚という形の共同生活**

元気な高齢者が増え、そうした人々の「出会いの場」も増え、その結果、恋愛関係になる高齢者が増えました。そのため、インターネット情報で擬似恋愛や結婚詐欺にひっかかる男性高齢者も増えましたし、若い女性と結婚する「年の差婚」も増えました。

次に現象として目立つのが、恋愛関係にはあるけれど、「結婚によるトラブル」を回避するために、**入籍しない「結婚」、いわゆる「事実婚」という形を選択した高齢者カップルの増加**だと思います。

結婚という形をとらないカップルというと、日本でも最近ではまっさきに「事実婚」ということばが浮かぶようになりました。その昔、「内縁の妻」とか「同棲」だとかいっていた懐かしい時代に比べると、ずいぶん明るいイメージに変わったようです。

フランスあたりでは事実婚は当たり前のことですから、フランス人と事実婚した有名女性がまったく普通の結婚生活をしているのを見たりしたことなども影響しているでしょう。そうしたフランスの「自由恋愛」的な文化が映画などを通じて入ってきて、日本でも違和感なく受けとめられるようになってきたわけです。

また、夫婦別姓をよしとしているふたりが「事実婚」という形で共同生活をする、というスタイルも普通に聞かれるようになりました。

この件に関しては、ここ20年来、法制審議会が「夫婦別姓は認めるべき」としているのにもかかわらず、政治的な駆け引きのおかげといいますか、反対意見も多くて法制化できないでいる状態があります。

そうなると、それぞれの名前で仕事をしてきたとか、活躍してきた人、**お互いにひとり息子、ひとり娘でそれぞれの姓はそのままにしたほうが都合がいい人**など、結婚しても元の名前で、と考えている人たちにとっては、入籍したら姓を変えなさいという現在の制度は障害にしかすぎなくなりますね。

でも制度は制度ですから、それなら婚姻届を出さないで共同生活を続けるほうがいいや、と、そういう「夫婦」が増えてきました。「事実婚」です。

こういう答えが出ています

保護すべき状況である

法制審議会がＯＫしているのに、政治的に立法化されないから、それを避けて入籍しない。でも、あなたたちは入籍していないから法的保護に値しない、というのは人権にも関わるでしょ、ということで、最高裁も「事実婚はフルに保護すべきだ」という発想に変わってきました。

こういうことも、「事実婚」が増えてきた要因のひとつだといえるでしょう。

ですから、大監督と大女優さんとか、そういったケースも含めて、**事実婚を公にするようになってきた、公にしても大丈夫**という「空気」になってきたわけです。

ひと昔ならば、「日陰」の存在だったのが、いまは公にして「何がおかしいんですか？」という感じでいえるような時代になったということです。

こういう風潮、空気、時代感覚を背景に、カップルになりにくかった高齢者同士でも「事実婚」という形で新しくカップルになる、そういうハードルが下がってきていることは確かだと思います。

「介護の面倒をかけたくない」という大誤解

質問　選択の理由

高齢の恋人たちが、入籍婚ではなく、事実婚を選択するのはなぜでしょうか。

基本的な状況　思いやりによる大きな〝誤解〟

たぶん、高齢者の場合、なぜ事実婚を選んだのかという理由で一番多いのは、いまさら籍を入れなくてもいいだろう、**実質、ふたりで仲良く暮らせればそれでいい**、ということだと思います。

ただ、入籍しない、というふたりの気持ちの中に、実は、子供たちに負担をかけたくない、という気持ちも色濃くあるようなのです。

その、彼らが思っている「負担」とは何か。

子供がいる場合、入籍の「結婚」という形をとると、法的に正式な結婚ということになって、その子供たちにいわゆる「扶養義務」が発生し、将来的に介護まで含めた負担をかけるのではないか。それを避けたい、という一種の思いやり。こういうことで、「婚姻届を出す結婚をしない」という人もいるようなのです。

しかし、ここには大きな誤解があります。

実は、「扶養義務」とは、**基本的に血のつながりがある者同士が負う法律上の義務**であり、具体的には「血のつながった親兄弟」が対象であるということです。ですから、子供は「実の親」には扶養義務を負いますが、「親が再婚した相手」にはその義務はありません。

しかも誤解の中には、「扶養義務」というのは、介護とかさまざまな生活上の世話をしてくれることも含まれる、という思い込みもあるようです。

しかし、それはまったく違います。

現在の民法の「扶養義務」は「金銭的な援助」に限定した義務であり、さらに直系血族と兄弟姉妹に適用範囲を限定した義務なのです。

●答えは、こうなります
「扶養義務」は血縁者のみ

戦後の1947年（昭和22年）の民法改正で、「扶養義務」は、純粋に「対象者がお金に困っていたら、扶養義務のある人（血のつながった親兄弟）はお金を払いましょうね」という義務になっています。

でも、それでも、地方によっては「親の面倒をみるのに、お金ウンヌンというのは筋違いだろう」とか「親の世話は子供が引き取ってするのが当然だろう」という意識が、いまなお色濃く残っているのも事実です。

ですから、そういった「親の面倒は子供がみる」的な扶養義務観が事実婚再婚を選択しようという現代的な高齢者にもいまだに影響しているのかと思うと、あらためて**伝統的道徳観や習俗といったものの影響の深さ**に驚かざるを得ません。

法律コラム

明治民法と「親孝行」イメージ

それにしても、「扶養義務」というと、どうして「介護」など「親の面倒をみる」ことというイメージがくっついてくるのでしょうか。

実は、生活上のあれこれを含め「親の面倒は子供がみる」という「扶養義務のイメージ」は明治民法の一部に書かれていた考え方なのです。

いろいろ学説がありますが、基本的に民法の扶養義務は財産的、経済的な援助義務である、というのは共通理解となっています。そして、明治民法もできたときは完全にこの考え方に基づいたものでした。

ところが、この明治民法に「ちょっとした小細工」が存在しました。

明治民法は、「扶養義務」を「直系血族と兄弟姉妹で、困ったらお金を融通し合いなさい」と定めました。それが、明治も後期になると、いまほどではありませんが、従前に比べてずいぶんとお年寄りが増えてきました。明治社会における高齢者問題です。

それはそうでしょう、**ちょんまげの時代から近代化、西洋化して数十年**、平均寿命が延びるのは当然のことです。そして、高齢者が増えれば、扶養義務のある血族、兄弟姉妹の中で親に回すお金が足りなくなってくるのも、また当然のことです。

そこで、扶養義務を負っていて、かつ**金が足りない人は、親を手もとに引き取って世話をするということで金の支払いの代替としてもよい**、という「引き取り権」なるものを認めたのでした。

これは、「引き取り扶養」といって、現実に「下の世話」をしたりするわけで、内容的には、いわゆる現代の「介護」といっていいものでしょう。

この「引き取り権」という規定は、「お金を払えない人はやむを得ず」こちらを選んでもかまわない、という、法運用のいわば「小細工」、あるいは「特例」のようなものだったはずでした。

ところが、結果的にはこの「引き取り権」のほうが、いつの間にか世の中の前面に出てしまって、「扶養義務」の第一義であったお金の支払い義務はどこかにフェイドアウトした印象となりました。

おそらく、旧来の「親孝行」といった倫理観や道徳観が作用した部分も大きかったと思いますが、ここで「扶養義務」の概念が狂ってしまったわけです。

ただ、現実には、お金を払えないのではなく、払うのを惜しんで「引き取り権」を使い、親を引き取ったもののろくに世話もせず、**座敷牢のようなところに押し込めて死ぬのを待つ**、といったような悲惨なことまで起きてしまいました。

そこまでひどくなくても、結局、引き取って世話をするといってもそれをするのはいわゆる「嫁」。そのあたりから、現代に続く嫁の「介護地獄」が始まったといってもいいかもしれません。

財産目当てだと思われたくない、という女性側の気持ち

●質問　遺産トラブルを回避する手段として

高齢者、特に女性の側が事実婚を選択する理由のひとつとして、たとえば女性がちょっと若い場合、籍を入れたら向こうの子供たちから財産目当てだと思われるかもしれないし、世間からもそんな目で見られるかもしれないし、それがいやだから、というのがあるようです。遺産相続のトラブルを回避するという意味では、これはこれでいいのでしょうか。

●基本的な考え方　事実上の法定相続分の〝予約〟

まず、法的に**正式に妻となっている女性は遺産の半分を相続する（法定相続分）**という

ことになっています。だとすると、この世に残る確率が圧倒的に高い年若い妻は、入籍結婚したとたんに、その法定相続分を予約したような形になりますね。

ですから、その年若い妻のほうが、「私はあの人と一緒にいたいだけだから、遺産目当てだと思われるのは不本意だ」というスタンスであるならば、最初からそういった「疑念」が生じるようなこと、つまり**入籍は避ける、事実婚でいい**、ということになるでしょう。その気持ちは分かります。

また、これは女性側だけの気持ちではなく、男性側も相手がそんなふうに思われたらかわいそうだろうということで、事実婚でいいよ、となるのでしょうね。

事実婚の当事者も夫婦の同居・協力・扶助義務を負い、結婚した「法律婚」と同じような扱いが認められますから、それはそれでいいと思います。

ただ、たとえば男性所有のマンションに住んでいたところ、男性が亡くなったあとに、男性の相続人から立退きを求められるとか、相続が認められないということから出てくる問題もありますので、ご注意ください。

「重婚」的な事実婚の場合はどうなる

質問　正妻がいるのに事実婚状態に

長い間配偶者との関係がうまくいかず、実質的な結婚生活が破綻している男性がいて、60代半ばで同年代の女性と出会いました。

男性は妻と別居状態になって、ひとりでマンション暮らしを始めてすでに20年。妻は離婚要求に応じる気配はありません。相手の女性は夫と死別していて、現在ひとり暮らしでした。

趣味の俳句サークルで仲良くなったふたりは、相性が良かったのか、出会ってからすぐに恋愛関係が進み、いわゆる男女の仲になって、一緒に旅行などに行くようにもなりました。そして、**男性は自分のマンションを始末して、彼女の家に移った**のでした。出会いから1年目のことでした。

ふたりは、これからの15年、20年という年月を「事実婚」の夫婦として一緒に生きていく決意をして、共同生活を始めます。

このパターンは、何もトラブルにならないのでしょうか。

困った状況　正妻が別れてくれない

元気な65歳とか、70歳は、男性でも女性でも「高齢者」といわれるのは気にいらないかもしれませんが、便宜上、高齢者ということで進めさせていただくとして、これからますます、確実に、高齢者の恋愛は増えていくだろうと思われます。

高齢者の男性と女性の出会いの場は広がるばかり。そして、昔ならば「いい年をして」などといわれた古い道徳観が消えていく中、高齢者の恋愛のハードルは低くなるばかり。

いまや人生80年時代どころか、人生100年時代などとうたわれて、まさに**65歳以上は第二、第三の青春を謳歌する時代**となってきたようです。

そうした中、長い間配偶者との関係がうまくいかず、実質的な結婚生活が破綻しているという男性がいて、60代半ばで同年代の女性と出会った、という状況ですね。

男性は妻とは別居状態になってすでに20年。ただ、妻は離婚要求に応じていない。基本的に男性にはまだ婚姻関係があるわけですから、これはいわゆる〝不倫〟ということになるでしょう。

しかし、妻のほうはもうすでに男性の生活にはまったく関知しないという態度をとっていて、ただ意固地になっているのか、何か理由があるのか、離婚だけには応じない、という状況です。

ですから、男性にとっては、60代半ばから始めた女性との共同生活が実質的な結婚生活であり、つまり「事実婚」となったわけです。

問題は、こういうことです　互いに年老いたときのこと

こういう状態は、**単なる「不倫」というよりも、実質的な「重婚」状態**だといえるでしょう。

状況がいわゆる「不倫」であることから、これが本妻からの離婚理由になるのか、本妻

からの損害賠償の対象になるのか、といったことも問題になり、裁判例が多数出ていますが、この項では、この点はさておき、ふたりの事実婚の将来というところに焦点を絞って問題を見てみたいと思います。

男性のほうの本妻は、この状況についても我関せず、ご勝手にどうぞ、ただ離婚はしません、という態度を続けていますので、逆に**ふたりの事実婚生活は、穏やかに、つつがなく続いていく**ことになります。

でも、まだ元気なうちはいいのですが、人間、やはり年とともに弱ってきます。60代半ばからというのは、いずれにせよ人生の後半戦であって、ますます元気になっていくという方向にはありません。間違いなく、心身ともに弱っていきます。

そうして、「事実婚」のふたりのうち、どちらかが弱ったときどうするか。

ここで、これまで話題にしてきた「扶養義務」ではなく、夫婦の間の「扶助義務」というものが浮上してきます。

「扶養義務」というのは、一般的には先述したように直系血族と兄弟姉妹の間での経済的援助のことをいいますが、夫婦の間の「扶助義務」はそれとはちょっと異なります。

ご存知のように、結婚式の際の「誓いのことば」は次のように口上します。

「私たちは夫婦となって、富めるときも、貧しいときも、健やかなるときも、病めるときも、死がふたりを分かつまで愛し慈しみ貞節を守ることを誓います」

「扶養義務」は、余裕があるとき援助をするというものですが、「扶助義務」は余裕があろうとなかろうと助け合う義務です。一杯の飯を半分ずつにしても分け合う関係です。また「扶養義務」と違い経済的な援助だけではなく、**奥さんが熱を出したら氷まくらを作るとか、そういったことから始まって、まさにすべてをふたりで支え合う関係**なのです。

●答えは、こうなります

事実婚の妻にも扶助義務を負う

この例の事実婚のケースでは、現在事実婚生活をしている男性は、戸籍上の妻、いわゆる本妻にこの「扶助義務」を負うとともに、現在の事実婚の相手の女性、事実上の妻にも「扶助義務」を負います。

たとえ重婚的な事実婚であっても、夫婦としての実体があるのですから、その当事者間では互いに「扶助義務」は負うということです。

では、「扶助義務」は果たしたとして、最後にお互いの事実婚の相手が死亡したときなどうなるのでしょうか。

事実婚の夫婦には互いの財産を相続することは認められていません。「相続」は、残された家族の生活を守る、生存中の互いの財産形成や維持への寄与分を清算するという面があり、相続権が否定されると不都合なことも出てきます。

しかし、事実婚での相続を認めると相続制度があいまいになりますし、また明らかに法律の文面と異なりますので、裁判所は事実婚の相続権を認めていません。

ですから、**相手の死亡で経済が困難な状況になったとき**どうするのか。事実婚の中で、〝夫婦〟としてそういう状況を想定して、きちんと対策を立ててあるのか。そうなったときに、誰か第三者的なサポートが必ず必要になってくるのではないか。

この発想が欠如したまま事実婚に入る、あるいは事実婚を続けるというのは、相手に対して「不誠実」だということになってしまうでしょう。

もうひとつの答えは、こうなります

結果的には〝不倫〟だから

確かに、事実婚は世間の認めるところとなってきました。それを受け入れる社会の空気が醸成されましたし、実際に事実婚というスタイルをとる人が多くなりました。

また、一般社会だけでなく、老人福祉施設の中の状況を見ても、その傾向は強まるばかりです。たとえば、老人施設内で高齢者同士が「お付き合い」をしているというのは、20年前は「ノー」でした。その理由は、他の利用者に悪影響を与えるから、というもの。そういう考え方が支配的だったのです。

ですから、施設の管理側は、**仲良くなったふたりをフロア的に分けるとか、強制的にふたりを引き離す**ということを運用としてやっていたわけです。

ところが、最近は発想が大きく変わりました。これも、施設の中でも仲良くなる高齢者の数が増え、当たり前のようになってしまって、引き離すなどとてもやっていられないということになったのかもしれません。

このように、20年前とは逆に、仲良くなったふたりがいて、そのまま幸せに死ねるという状況は、まさに、様変わりといっていいでしょう。

ただ、事実婚にしろ、施設内恋愛にしろ、高齢者の男女が一緒にいたいという気持ちを現実のものにするハードルが低くなればなるほど、それに伴って結果的な「不倫」という関係も当然増えてきます。

そして、それが離婚トラブルにつながることも多くなります。

今回の例の本妻さんのように、我関せず、ご勝手にどうぞと言われる方とは違い、**ついに離婚を決意するという本妻さんも少なくない**と思います。

そのとき本妻は、後戻りできないというところまで追いつめられたという状況でしょうから、それまで永年にわたって積もらせてきた鬱積《うっせき》を、一気に爆発させ、もめにもめることになるでしょう。高齢者の離婚は、なかなかやっかいなものになる、こういうのが基本認識だと覚悟しておかなければなりませんね。

未入籍＝事実婚や不倫の中で子供ができたら

質問　未入籍の意味

このごろの高齢者恋愛トラブルの中で増えているものとして、どうしてもおさえておかなければならないテーマがあると思います。それは、事実婚あるいは不倫といった、いわゆる「未入籍」の高齢者に「子供ができる」という場合です。こういうケースでの「子供」への対処の仕方を教えてください。

基本的な考え方　トラブルの種

最近の元気いっぱいの高齢者などが**まだ妊娠の可能性のある女性**と「お付き合い」した

場合、「子供ができる」のは十分に考えられること。

そして、こういう事態は、何も入籍「結婚」したから起きるというわけではありません。生殖機能が働いている男性と女性が性行為をすれば、それはいつでも現実となることが考えられる事態です。

つまり、「子供ができる」という事態は、**事実婚の中でも、不倫関係の中でも、いつでも起き得る**ことなのです。そして、このこと自体を「トラブル」というわけではありませんが、少なくともトラブルの種にはなる可能性は十分にあります。

ですから、そのトラブルをできるだけ避けるためには、どういう現実認識をし、どういう対処の仕方をすればいいのか、しっかり考えておく必要があると思います。

問題を整理して見ましょう

「親子関係の形成」とは

まず、未入籍の「事実婚」状態で子供ができた場合、日本ではどういう扱いになるのでしょうか。

先に、日本でも「事実婚」が現実に認められるようになってきたという説明をしましたが、そういう中で子供ができれば、当然、財産相続の権利の問題や、親子の扶養義務という問題が発生してきます。

こうした権利や義務は、「親子関係」が形成されることで発生します。女性は、何はともあれ「分娩の事実」でもって「親子関係の形成」が認められます。ですから、事実婚の中であっても、当然、そう認められます。

つまり、**子が生まれた時点で当然女性と子供の間に相続権も扶養義務も発生**します。これはもう、古くから最高裁が認めてきた判断です。

一方、男性は、とりあえず「誰の子供か分からない」のですから、事実婚の場合はその子供を「認知」しなければ親子関係は認められません。

●賢い対応の仕方

男性は「認知」が必要

事実婚の場合、男性のほうは「認知」という作業を挟まなければ「親子関係」が認められない。ここが、入籍「結婚」と事実婚の違うところ。

そして、認知を済ませば「親子関係」が発生し、子供は相続権も持つし、扶養義務も負う、ということになります。

もし、男性がうっかりしていたか、あるいは何か事情があったかで、子供を認知していない場合、子供のほうから「認知請求」ができます。財産相続などを考えれば「認知請求」はしておく必要があります。

「認知請求」は、当該の男性が亡くなっても、それから3年間は検察官を相手に「認知請求」の訴訟を起こせます。これを、**死後3年以内にできる「死後強制認知」請求**といいます。

これも、子供の側からアクションを起こさなければなりませんが、現在では毛髪一本あれば遺伝子鑑定ができますし、100パーセントに近い精度で鑑定が出ますから、そういった点でもめることはなくなりました。

●もうひとつの困った状況の中で

重婚、不倫ならばやっかいなことに

ここまでは、入籍「結婚」してもいいけれど、ふたりの意思で事実婚を選んだというカップルに「子供ができた」という状況で説明してきました。この場合は、妊娠や出産をきっかけにふたりが入籍という選択をすれば、何の問題もありません。

この「子供ができる」という事態は、重婚的な事実婚をしているふたりにも、不倫関係にあるふたりにも起こり得ること。そして、女性と子供の親子関係発生や、男性のほうは認知しなければ親子関係が発生しないことなど、「子供」との関係は、これまで述べた事実婚の場合と同じです。

ただし、重婚的事実婚や不倫関係の中で「子供ができた」となると、当然のことながら、法律上の婚姻関係にある配偶者や配偶者との子供のみならず、周囲への影響は相当大きくなると覚悟しなければならないでしょう。子供を**どこでどうやって育てるのか、その費用は、将来の遺産相続は……**、ちょっと考えただけでも問題山積です。

ですから、元気な高齢者が、妊娠可能な女性と重婚的事実婚や不倫をするときは、この「覚悟」をいつも頭の中に置いておかなければ相当やっかいなことになりますよ、と申し上げておきましょう。

法律コラム

「不倫」は、なぜいけないのか

高齢者恋愛トラブルは、現実的には「それは不倫ですよ」というケースが多く見られます。

しかし、「なぜ不倫はいけないのか」「なぜ不倫があるのか」「愛とは何か」とか考えてみると、意外にその明確な答えが見つからないのではないでしょうか。

昔、不倫関係で騒がれたモテ男の代表のような有名俳優が、追及するレポーターたちに「不倫、いけないいんですかね。不倫は文化でしょ」と言い放って、一種の名言扱いされましたが、確かに「不倫」は人間にとって古くて新しい「問題」です。

高齢者恋愛のハードルが低くなったいま、**トラブルのもととなる「不倫」とは何か**、「文化」はともかく法律的な意味を見てみましょう。

お茶を飲んだり、一緒に食事に行ったぐらいじゃ、不倫にはならないだろう。カラオケでデュエットしたぐらいも不倫じゃないだろう。じゃ、ダンスは、バーに誘うのは、一緒に温泉旅行に行くのは……、あるいは、単に好きになるのはどうでしょうか。

「不倫」ということに関して、民法は「不貞行為」について定めを設けています。「不貞行為」は、「離婚原因」のひとつとしてあげられていますから、つまり「不貞行為」があれば結婚生活は破綻し、維持できないというもの、ということになります。

結婚式の際の「誓いのことば」にもあるように、夫婦である間は「貞操維持」が何よりも大切です。したがって、**夫と妻は結婚生活を営む中でお互いに貞操を維持することを請求する権利と義務**がありますが、「不貞行為」とは、この根本的な権利を侵害し、この義務を怠る行為、つまり「貞操維持」を否定する行為だということです。

では、「不貞行為」とは具体的にはどういう行為をさすのでしょうか。

書物などの多くは、不貞行為の定義として「配偶者以外の異性との性的接触関係を持つこと」という説明をしています。でも、その「性的接触関係」というのも、考えてみると、分かるようで分からないことばです。

いったいどれくらいが「接触」なのか。ちょっと性器同士が触れ合った、というのはどうか。「挿入」なら、どうか。回数は関係ないのか……。

たとえば、キスが「性的接触行為」ではないか、といわれれば、「性的接触行為」でしょう、とも考えられますね。「不貞行為」もひとつの規範的概念ですから、具体的にどのような行為がそれにあたるかは、「当事者の貞操観」によっても、また時代や地域によっても評価が分かれるところです。

ですから、必ず挿入でなければならないわけではないでしょうし、**挿入があったからすべて離婚理由たる不貞とはいえない**でしょう。

余談ですが、ある刑事事件の起訴状に「ことに及ぶ」という表現が出てきたことがあります。後味の悪い事件でしたが、日本の社会の共通認識に近い表現といえるかもしれません。この事象は、具体的なことばではなかなか説明しにくいからでしょう。

いずれにせよ、「性的接触関係」など、そうそう確認できるわけがありません。ですから、「不倫」つまり、「不貞行為」というのは「そのことをうかがわせる客観的な状況証拠の積み重ね」で立証することになります。

不倫をうかがわせる「客観的な状況証拠」とは

たとえば、不倫関係にある当事者が裸で抱き合っている写真などが手に入ることは、まずありません。

ただ、**午後4時にふたりでラブホテルに入って、午後7時に仲良く手をつないで出てきた**、その写真があります、となると、「その間、3時間も何をしていたのですか?」ということで、これはひとつの状況証拠、客観的な証拠になるでしょう。

よく芸能人などが、「密会写真」などということで釈明会見をして、たとえば、「疲れたので、仮眠をとっていました。彼女には付き合ってもらっただけです」と言って、それならひとりでビジネスホテルへ行けばいいだろう、とよく突っ込まれていますね。

あるいは、「演技論をしていました」とか「ビデオを見ていました」とか「ゲームをしてました」などと言っていますが、ほとんど誰もその釈明をまじめに聞いてはいません。逆に、「ラブホテルで、誰がそんなことをするか」と笑っているわけです。

この笑いが、実は社会の共通認識というもので、そういう写真があったら「不貞行為があった」と認定していい、ということです。

そして、こういう「不貞行為」の状況証拠が積み重なると、**不貞をされた妻あるいは夫から「離婚請求」ができる**、ということになります。

離婚に伴う「財産分与」

結婚生活を営んでいた夫婦が離婚するということになると、まず「財産の清算」をしなければなりません。これが、離婚に伴う「財産分与」ということです。

「財産分与」は、3つの要素からなりたっています。

1つめは、夫婦で作ってきた財産を分ける「清算」。

2つめが「離婚後扶養」。これは、たとえば妻が子供を連れて別れるということになったとして、この離婚が急なことであれば、すぐには生活が立ちゆかないでしょう。ですから、しばらくの間は生活費を払いなさいよ、という「財産分与請求」です。

3つめが、「慰謝料」。離婚トラブルの中でよく耳にすることばですね。

この「慰謝料」は、離婚によって精神的な損害をこうむった側が、「不貞行為」など離婚原因を作った側に、まさに気持ちを慰謝するものとして請求できるものです。婚姻に伴う義務の不履行に対する損害賠償として説明することもできます。

また、特に**「高年齢離婚」の場合**には、**「年金の分割」という課題が重要**になってきます。60代の高年齢離婚などの場合、離婚の時点での財産分与は、それほどでもないかもしれません。でも、きちんと請求して、年金が入ってくることを考えてみてください。きっとそれは、離婚後の元妻の生活に対して大きい経済的支えになるはずです。

第2章

介護現場での出会い、恋愛、その先の事態

―老人施設の中でいま起きていること―

介護の現場はセクハラだらけ？

基本的な状況

高齢者たちの問題行動

男性週刊誌における高齢者の性愛をテーマとした特集ブームの中で、週刊現代が「老人たちよ、元気すぎないか――介護の現場はセクハラだらけです」という特集を組んだことがありました。

私は、この特集を目にしたとき、いくつかの点で強い関心を持ちました。まず、「介護の現場はセクハラだらけです」という、タイトルのことばです。

このメインタイトルを目にしたときの第一印象は「老人施設の男性管理職が、そこで**働いている人、あるいは入所している人に対してセクシャルハラスメント**、いわゆるセクハラ行為をしたのだな」ということでした。

なぜならば、「セクハラ」ということばは、「雇用の関係を利用して行われる相手方の望まない性的な行為」と理解されているからです。

しかし、老人施設のコンプライアンスのご相談をたくさんいただいていますが、施設はきちんと対応しているとの印象を持っており、セクハラだらけとはおかしいなと思いました。

でも、サブタイトルの「老人たちよ、元気すぎないか」というフレーズのニュアンスや、本文記事をよく読んでみると、これは老人施設の職員同士の性的トラブル、つまりセクハラではないことが分かりました。

この特集が取り上げているのは、その施設に入所している、あるいは施設を利用しているお年寄りたち、とりわけ**男性の「老人」たちによる、女性介護福祉士さんやヘルパーさんに対する「性的嫌がらせ」を問題視している**のだ、ということだったのです。

さて、しかし、内容がそうだと分かったとしても、問題がなくなったわけではありません。むしろ、問題は複雑化する、といってもいいでしょうか。

強制わいせつ罪か強姦罪か

●困った状況　ヘルパーさんたちへの狼藉

では、この老人施設の中で、週刊現代から「元気すぎる」と指摘されている「老人」たちの行為、介護福祉士さんたちに対する狼藉《ろうぜき》とは、一体何なのでしょうか。

週刊現代が、本文の小見出しに「大きくなっちゃったよ」とか「性欲の処理を手伝えと」とか、「いくらでも払うから」といった**文言を使うような「振る舞い」は、法律的にはどういうことになるのか**検討しましょう。

当該の記事を、もう少し詳しく見てみます。

本文では、「要介護者の男性からキスを迫られたり、胸を触られたり、お尻を撫でられたりといったことは日常茶飯事です」という女性介護福祉士や、男性高齢者の入浴介助をしていている間にいきなりTシャツの中に手を入れられ、胸をもまれてしまった、という女性ホームヘルパーの声を伝えています。

また、入浴介助のときに「ここも洗ってくれ」と局部を洗うよう求められたり、「毎朝（勃起して）あそこが痛い。何とかしてくれ」とその「処理」を求められたり、本当にレイプされるのではないかと恐怖感を持ったといった女性介護福祉士、ヘルパーさんの苦労、苦難も赤裸々にレポートされています。

答えは、こうなります

それは「犯罪」です

レポートにあるような「介護の現場」での出来事の多くは、介護福祉士さんたちの、その道の「プロ」としての機転や適切な対応で、何とか事なきを得ているのでしょう。

しかし、ここにあげられているような行為を、**もし強制的に行ったとしたら、一般世間と同様、脅迫罪や傷害罪といった刑事事件に該当する**でしょうし、あるいはストレートに強姦罪とか強制わいせつ罪といった「性犯罪」行為を構成することもあるでしょう。

また、当然、民事上の損害賠償の問題も生じます。

「性的行為」を軽く見る老人たち

困った状況　世代的な問題も

　私は先に、セクハラというのは職場での上下関係といった「力」を利用して行われる相手方の望まない性的行為といいました。そこで、そういう「力関係」ということから、介護を受ける者と介護をする者の関係を見てみると、どうでしょう。

　普通に考えれば、介護を受ける高齢者は「お世話になりますねえ。よろしくお願いしますよ」という感覚になるだろうと思います。でも、現実は、**面倒をみてもらっている人間が、面倒をみてくれている人に**「わいせつ行為」をする。これをどうとらえればいいのでしょうか。

　介護サービスを受ける者は、少なくとも何らかの形でサービスの「対価」は払っています。ですから、「元気のいい老人」であれば、「オレたちは金を払っているんだから、客だぞ」と、力関係が逆転する場合もあるかもしれません。

確かに、そういう高齢者もいると思います。そして、そういう人は「金を払っているのに、お尻を触ったぐらいで何だよ！」と居直るでしょう。

しかし、大方、そういうときは、はっきりと、「それは、犯罪ですよ」と言えばいいのです。

むしろ、そういうおじいさんには「それは、犯罪なんだよ」と言ってあげなければなりません。そこは、明確な線引をしておかなければならないと思います。

これは、悲しいことかもしれませんが、歴史的に女性に対するそういう意識がぬぐえない世代があったり、あるいは**赤線などが存在した時代の経験、戦争の体験**などで、どうしても女性に対する性的行為を軽く考えてしまう世代も、まだ存在するのです。

答えは、こうなっています　犯罪は犯罪です

ことばによる「侮辱」や「名誉毀損」、またストーカー行為、さらには酒食の席で抱き

つく、尻を触るなどの行為、これらをまるで犯罪だと思っていない人もまだいますが、はっきりと「刑法に書かれた犯罪なのだ」と教えてやらなければならないと思います。

介護福祉士は女性が多く、ホームヘルパーは8割以上が女性。そして、彼女たちが40代、50代であっても、70代以上のおじいさんたちにとっては「若い娘」。性欲を刺激されて「元気すぎる老人」になっても不自然ではない、ともいえる。このように、週刊現代は書いていますが、たとえ、**恋愛感情や性欲が刺激されたとしても、犯罪行為は犯罪行為**なのです。

高齢者であろうが、介護を受けている人であろうが、関係なく、犯罪は犯罪。そこだけはきちんとしておかなくてはなりません。このことはきわめて大事なことです。

老人施設内「個室」での性的トラブル!?

困った状況　おじいさんがおばあさんを部屋に連れ込む

介護現場の性的トラブルが、一対一であるために起きやすい「訪問介護」だけでなく、**高齢者が集団で住んでいる「老人ホーム」などでもよく起きている**、というレポートもあります。

その中に、「男性の入所者が女性の要介護者を自分の部屋に連れ込み、ことに及ぼうとした」という報告がありました。私も、この報告とほとんど同じ事例を聞いています。

事態が起きた場所は、老人福祉施設の個室、入所者は男性の高齢者。その個室に介護福祉士が入ろうとしたら、鍵がかかっていて入れない。でも、中に人がいる気配がある。施設側は、何事かと合鍵を使ってドアを開けた。すると、当該の男性の個室に裸の女性がいた、というわけです。

経緯は、こういうことです。入所者男性の部屋で裸になっていた女性は、その老人施設にデイサービスでやってきたおばあさんだった。老人福祉施設では、入所者の高齢者とデイサービスで外からやってきた高齢者が、その施設を使って一緒にさまざまなサービスを受ける、というケースが多々あります。そういう機会の中で、**入所者のおじいさんと、外からデイサービスでやってきたおばあさんが知り合った**のです。

そして、その後のことを世間のことばでいえば、おじいさんは、おばあさんに好意を抱き、ある意図を持って自分の部屋に「連れ込んだ」。そして、部屋に内側から鍵をかけて、「ことに及んだ」ということです。

答えは、こうなります

加害者と被害者

これが強制的なものであれば、また「こと」を成したのであれば、おじいさんは強制わいせつ、あるいは強姦事件の加害者、おばあさんは被害者です。

最近はこういう答えもあります

出会いから一気に「結婚しよう」へ

しかし、老人福祉施設の個室の中で、おじいさんとおばあさんがラブラブだった、となれば話は違ってきます。

世間の性的トラブルでもよくもめることですが、合意の上のことなら強姦などにはなりません。

おじいさんがおばあさんを好きになり、おばあさんもまんざらでもないということで一緒に部屋に入り、ほかの人に知られるのがいやだから部屋に鍵をかけた、というだけのことならば、それこそ「元気すぎる老人たち」という話。

そして、こういった老人施設での「出会い」によって、おじいさんとおばあさんが惹かれ合い、**恋愛関係となり、一気に「結婚しよう」というところまで進んでしまう**、という話も特別なことではなくなっています。

そういう状況を受けての対応としては、目に余るということでなければ、周りの人たちをあまり刺激しないでね、気をつけてね、あまりすすめられることじゃないですよ、こういう「注意」が、老人福祉施設側から出る、それくらいのことでしょう。

お父さんはラブラブでも、遺産トラブル発生ですよ

●問題を整理しておきましょう　実は遺産の行方の問題

実は、こうした**老人施設内の「恋愛」案件で、一番あわてるのは子供たち**です。

なぜか。それは、ひとり身になって、世話をするのもちょっと大変になってきた「お父さん」を「施設に入れてひと安心」と思っていたところ、何と、その「お父さん」が、まったく知らないうちに、まったく知らない「おばあさん」と結婚しようとしているわけです。

「お父さん、どうしたんですか。しっかりしてくださいよ」

こういう子供たちの声が聞こえてきます。

子供たち、といっても、もちろんそれは「いい大人」の人たちです。自分たちも、もう

そろそろ「高齢者」になろうかという年代かもしれません。こういう人たちが、なぜあてふためくのか。

当然のことながら、高齢の、施設に入っている「お父さん」の「結婚」という、まったく想定外の出来事に遭遇した、ということもあるでしょう。自然な心情で、父親の心身の情況を気遣ったということもあるでしょう。

でも、この状況で、子供たちが最も「気にした」のは、もうそれほど遠い将来の出来事ではないと思っていた「お父さんの遺産」のこと。そして、そのことから、やっかいなトラブルになるかもしれないという、いやな予感です。

それはそうですね。ここで黙っていれば、お父さんが亡くなったとき、遺産は、法定で「半分は妻のもの」になるからです。そして、**その「妻」は、まったく自分たちの知らないおばあさん**なんですから。

こういった状況と問題については、第4章で詳述しますが、お父さんはラブラブでも遺産をめぐるトラブル発生が必至です。

老人福祉サービスと老人福祉施設とは？

● 基本的な情報

65歳になると、**「老人福祉法」で保障している福祉サービス**などが受けられ、また福祉施設にも入れます。

老人福祉法の具体的な方策として行われるものの中で、「在宅福祉」といわれるものには、「ホームヘルプ（訪問介護）」、「ショートステイ」、「デイサービス」、「グループホーム」などがあります。

また、老人福祉法による「老人福祉施設」としては、「特別養護老人ホーム（介護老人福祉施設）」、「養護老人ホーム」、「老人デイサービスセンター」、「老人短期入所施設」、「軽費老人ホーム（A型、B型、ケアハウス）」、「老人介護支援センター」、「老人福祉センター」の7つの施設があります。

老人福祉法により**実際に老人の福祉を行う「実施者」は、各地の市町村**です。

これらのほかに、市町村ではなく民間で運営される高齢者向けの生活施設として、皆さんご存知の「有料老人ホーム」があります。

この有料老人ホームは、老人福祉法二十九条で届け出が必要とされており、介護保険の在宅福祉サービスも組み込めますから、半分「公」の老人施設として認められています。

「特養」は「個室」の多いのが特徴

状況の捉え方

施設内個室とプライバシー

前項のような形で、福祉サービスがあり、そういうサービスを行う老人福祉施設がある、ということをまず知っておきたいと思います。

その上で、いま一度、ここまで検討した**「おじいさんによる、おばあさんに対する性的問題行動」とそれによって引き起こされたトラブル**を振り返ってみましょう。

第一に確認しておかなければならないのは、「現場」が、おじいさんの「個室」だということ。内側から鍵をかけることができる個室。

まず、このことで、老人福祉や介護に詳しい人ならば、そのおじいさんは「特別養護老人ホーム」いわゆる「特養」の入所者で、トラブルが起きた現場は、「特養」の個室なんだな、と推測されるでしょう。

なぜか。

それは、「特養」の特徴の中に、その答えが見えてきます。

「特養」は、老人福祉施設の中でも典型的なものですが、入所者数が50人規模、100人規模といったものが普通という、かなり大型の施設型サービス。そして、昔は、入所者は4人の相部屋が普通でしたが、最近では**プライバシーの場を確保しなければならないということで、「個室」で福祉サービスを受ける、**という施設が多くなっているようです。

もちろん、その他の老人福祉施設にも個室はありますが、数からいえば、個室が一番多いのは「特養」です。

このことから、個室で問題を起こしたくだんの「おじいさん」は「特養」の入所者、という判断が一般的だろうということになるわけです。

「特養」入居者には認知症の老人が多い

●基本的な問題　認知症高齢者が多い施設

「特養」に入所して福祉サービスを受けるためには、65歳以上というだけでは足りません。なぜならば、そこは「特別な養護」が必要な老人、高齢者が入所するところだからです。

つまりそこに入所できるのは、**認知症が発症していたり、身体機能が著しく低下していたりしている高齢者**だということになるわけです。

そういう高齢者というのは、別の見方をすれば、ヘルパーさんによる自宅への「訪問介護」やデイサービスといった福祉施設への「通所」などでは支えきれない人、ということになります。

このように、老人福祉の現場では、「在宅サービス」が可能かどうか、というのがひとつの分岐点となっています。

確かに、介護保険での「要介護度」が認定されれば、「特養」への入所資格はある、ということになります。でも、「特養」への入所については「ウェイティング・リスト」に登載して「入所待ち」をしている人が非常に多いのも現実です。

ですから、「特養」には簡単には入れない、実際のところ「要介護度」が3より上、4とか5にならないと、なかなか入所できないのです。

ということは、「特養」に入っている人は、基本的に認知症がかなりの程度進んでいる人、というふうに考えていいと思います。

そして、認知症がかなり進んだ入所者が多い「特養」で、「性行動」に関する問題が多い、といわれています。

なぜか。

それは、次の章で詳述しますが、**認知症と「性欲の亢進」は大いに関連がある**と指摘されているからです。

第3章

高齢者
恋愛トラブルと
認知症

キーワードは「認知症」

●状況の捉え方

性的行為と認知症の関係

「性的行為」を軽く見る困った老人もいます。また、ラブラブな「元気すぎる老人」もいます。

しかし、**老人の性的行為の裏には認知症が隠れていることがきわめて多い**ものです。

ここまでは、当事者が認知症かどうかは問題にしませんでした。この章以降は、「高齢者の恋愛トラブル」に関するさまざまな問題を、「認知症」というキーワードをポイントにして、細かく見ていきたいと思います。

「老人施設内三角関係」がもつれて

基本的な状況　おじいさんとおばあさんが「出会う」場所

「特養」などの老人福祉施設に、普段は「在宅介護サービス」を受けている高齢者も、入浴サービスや食事サービスなどの「デイサービス」を受けるために通ってくる、ということもあります。

そういう高齢者たちは、基本的には「在宅介護」を受ける人ですから、施設に入所している人たちに比べれば、介護度も軽い人ということができます。

そのような老人福祉の状況の中で、**ときどき「特養」にデイサービスでやってくるおばあさん**と、入所者であるおじいさんが出会い、おじいさんがおばあさんを見初める。そして「いい仲」になる。

こうしたことは、いまの老人施設の中では珍しい話ではありません。

例の「特養」の入所者である「おじいさん」の好意を受け、その人の「個室に連れ込まれた」、一方の当事者である「おばあさん」も、こうしたデイサービスの通所者だったわけです。

●困った状況 三角関係も生まれて、傷害トラブルも

そして、出会いがあるとトラブルも生じます。

先にあげたおばあさんを自室に「連れ込み」、「ことに及んだ」例などがそうです。

私が確認しているケースでも、他に次のような事例がありました。

「特養」の入所者である元大学教授のおじいさんと、デイサービスでやってくる上品な感じのおばあさんが**お互いに好意を持って「いい仲」**になった。ところが、「特養」にはもうひとり、元気のいいおじいさんがいて、この人もその上品なおばあさんのことを「憎からず」思っていた。でも、次第に、おばあさんと元大学教授が施設内で大っぴらに仲良くし始めると、もうひとりのおじいさんのやっかみも半端ではなくなってきた。

おばあさんのほうも、それは幾つになっても「もてる」のは気持ちがいいものですから、もうひとりのおじいさんにもちょっと「いい顔」をしていたわけです。

これはいうまでもなく、**世間一般と同じく「三角関係」という恋模様**です。そして、火花を散らす関係は、もうひとりのおじいさんが、元大学教授が乗った車椅子をひっくり返して大ケガをさせる、という悲しい結果を招いてしまいました。

こうした老人施設内の「恋愛トラブル」は、法律的にはどういう結末になるのでしょう。

認知症の人には「刑事責任能力」はない

答えは、こうなります

いいことか悪いことか分からない

では、「三角関係による車椅子ひっくり返し」案件は、暴行罪や傷害罪となるのでしょうか。

また、先程から見てきた「おじいさんがおばあさんを自室に連れ込んだ案件」で、強制的に「ことに及んだ」とすれば、**強制わいせつ罪や強姦罪が成立する**のでしょうか。

問題は、おじいさんが「特養」の入所者だということ。

どういうことか。それは、おじいさんが「認知症の高齢者」だと考えられるということです。

認知症は、「いったん正常に発達した知能が後天的に低下した状態」ですが、「知能」のほかに「記憶」「見当識」を含む認知の障害や「人格変化」などを伴うといわれています。

おじいさんが認知症。つまり「判断能力」に？がつく、ということになれば、この「車椅子をひっくり返す」、「おばあさんを自分の部屋に連れ込んで強制的に性的行為に及ぶ」という行為が**「犯罪」として処罰されることはあまりない**と思われます。

認知症も程度の違いがありますし、行為のときの精神状態がどうだったか個々の判断が必要となりますが、認知症の人には判断能力、法的にいえば「刑事責任能力」がないと認められることが多く、刑事責任を問うことはできないからです。

いいことか悪いことか分からない人に、そういうことをしてはいけないと言って批判してみても犯罪を抑制する効果があるとは思えませんし、またそういう人を批判するのは酷だからです。

そういう状況の中、認知症の高齢者が多い老人施設では、施設側がどういう対処の仕方をするのか、現実問題として、プロとしての非常にむつかしいスキルを要求されています。

民事の「責任能力」も問えない

●もうひとつの答えは、こうなります
判断能力がない

それでは、**民事的なアプローチではどうなる**のでしょうか。

まず、ひとつには「不法行為」といって、故意または過失によって他人の権利・利益を害した人は、被害者の損害を賠償する責任を負います。

たとえば、ケガをさせられた人は身体を害され、強姦等の被害者は性的自由を害されたものですから、受けた損害を賠償請求することができることになっています。

しかし、これまた行為者に判断能力がないということであるならば、民事でも「責任能力」、この場合「不法行為能力」といいますが、これがないということになり、責任を問うことができません。

それは「やられ損」なのか？施設に「責任」はないのか？

質問　被害者はどうすればいいのか

害を加えた人に刑事的責任も民事的責任も問えないとなると、「被害者」にとっては、これは「やられ損」なのでしょうか。トラブルの**現場となった老人施設**に何らかの「責任」を問えないでしょうか。

答えは、こうなります　施設側の責任

老人福祉施設内の一室で、入所者のおじいさんによって、おばあさんが性的被害を受けました。そして、この事態で、「おじいさんが認知症で事件の責任能力がない」というこ

とで、おじいさんに対して法的責任を問うことはできませんでした。

そうなると、この被害者のおばあさんは「やられ損」といいますか、いわゆる「泣き寝入り」をしなくてはいけないのでしょうか。

実は、この事態では、老人福祉施設の管理責任が問題になります。

現況での老人福祉施設は、入所者とサービス提供の契約をして高齢者を入所させています。施設の運営主体は、個々の入所者に対し安全配慮義務を負います。

もちろん、この義務は、入所者に対してだけでなく、デイサービスなどを受けるために通所してくる高齢者に対しても負います。

● 答えを、もう少し詳しく見てみましょう

施設側の過失

入所者のおじいさんの、おばあさんに対する「わいせつ」とか「強姦」という性的問題行動がまったく突発的に起こったという場合は別です。

そのおじいさんがたとえば従業員や他の入所者等に対して**性的いやがらせやわいせつ行為を繰り返している**とか、強姦未遂のようなことを過去に起こしているとか、そういう状

況の中で「わいせつ」や「強姦」事件が起きてしまったという場合、その施設は責任を問われることになるでしょう。

先の三角関係のもつれによるケガという件でも、加害者のおじいさんが、普段は実におとなしい人で、荒っぽいことなど一度もしたことがなかった、にもかかわらず、突然暴力的な行動に出た、ということならば、施設にとって予想外。予想外・想定外なことなら、そのことを予防すべきだったとはいえず、施設に過失はなく、よって「責任」はない、ということになります。

でも、大ケガをさせるまでに、**過去に2度、3度と被害者に突っかかっていた**ことがあり、4度目で大ケガをさせた、となると、施設側は今回の事故を予想することができ、予防措置をとるべきだったのにそうしなかった、ということで施設側の「過失」が認められ、被害者の損害を賠償する責任を負うでしょう。

施設には、ここに出した幾つかの問題、事態が起きる危険性があるということを常に意識して、日頃からそのリスクに対して管理者としてやるべきことをやっていなければなりません。

「部屋代」をとって個室を別目的に

賢い対応策　恋愛の自由か実害か

現実として、すでに施設内での「高齢者恋愛トラブル」は発生しています。しかも、それは増える傾向にあります。そして、その現実、その状況への対処の仕方を考えることは、施設にとって大きな課題です。

とはいえ、簡単に「適切な対応策」ができあがるとは思えません。人間が**年をとったときの「性欲の解消法」というのは、かなりむつかしいテーマ**だと思います。手っ取り早く「薬を処方して抑制する」などという方法は、それこそ人権問題になってしまいます。

本来、おじいさん、おばあさん、本人同士が仲良くなって、手をつないで一緒に寝てますよ、しかも裸ですよ、ということがあっても「恋愛の自由」、第三者が口を挟めることではありません。

別に**「実害」がなければそっと見守ってあげる**、そこからトラブルにならないように、見守り続けていく、という対応になるのではないでしょうか。

もちろん、おじいさん、おばあさんのどちらか片方がそういうお付き合い関係をあまり欲していない、むしろ嫌がっている、ということであれば、迅速に、かつ本気で介入して、トラブル発生を未然に防ぐ、ということが必要でしょう。

もうひとつの答えもあります
共同生活上のルールとして

他方、「特別養護老人ホーム（特養）」にしろ、「養護老人ホーム」にしろ、そこは複数の人々の共同生活の場ですから、好き勝手をしていいというわけではありません。

まず、相部屋利用者としての入所なのに、相部屋を勝手に使う、その相部屋にふたりでこもってしまって、他の利用者が入れないようにしめ切ってしまうなどということは、共同生活のルール上、許されません。

では、個室ならいいのでしょうか。施設側で「こういうことは、やってはいけませんよ」「これはいいですよ」という幾つかのルールづくりを徹底してやってみる。そうした中で、ふたりが個室を使うことを認めるという形はあってもいいのではないかと思います。

ところで、**個室を使うときは部屋代として「別料金」をいただきますよ、**ということにすることもあり、でしょうか。どこかラブホテルみたいですね。

これをするなら、入所者の家族に知らせておく必要がありますね。多くの場合、家族の意思で入所が決められますから。

あなたのところのおじいさんは、こういうおばあさんとお付き合いをしているようで、入所契約は「相部屋」となっていますが、ときどき個室を使うかもしれないから、そのときは「別料金」をいただきますよ、ご家族もご承知おきくださいね、というように。

しかし、そういう連絡をすると、受けた家族の側が、従来の感覚で「そんなふしだらなことを施設側が勧めるのか。個室をそんなことに利用するなど、認められない」と言ってくるのではないかと思います。

そういう場合には、この「場合により、ふたりでの個室使用」案は、ボツでしょうね。

「特養」ではなく「ケアハウス」の人だったら

質問

施設が違えば

もし、先にあげた「三角関係による車椅子ひっくり返し」案件などの加害者が、「特養」ではなく、たとえば「ケアハウス」の人だったら、トラブル解決の展開は違ってきたのでしょうか。

答えは、こうなります

傷害罪になるかも

「特養」で起きた恋愛トラブル案件は、前述のように刑事事件にはなりませんでした。そして、**民事でも責任を問われることはありません**でした。

法律上責任を問われるには「ものごとの判断能力」のあることが大前提です。判断能力のない人は保護の対象であり、責任を負う主体にはなりません。「認知症の人」は判断能力を欠くことが多いことから、責任を問われることはあまりないと思います。

この事案に関して、加害者がもしケアハウス（軽費老人ホーム）などからデイサービスで「特養」に通ってきている人だったらどうなったのか。

ケアハウスなどにいる人たちは、「特養」の入所者とは違い、まだ認知症がそれほど進んではいません。人をケガさせることが「いいことか悪いことか」**ものごとを判断する能力がないとはいえない**場合が多いと思われます。そうであるならば、「傷害罪」が成立する可能性はあるでしょう。

「損害賠償」の金額を払えない？

質問　賠償の発生は

加害者のおじいさんが、たとえば「軽費老人ホームに入っている人」などで、「判断能力がある」と認定されたときは、傷害罪に問われるかもしれない、となれば**民事の「損害賠償責任」も生じる**ということになるわけですね。

すると、次は「損害賠償額」の交渉ということになるのでしょうか。

困った状況　現実的に可能か

話としてはそういうことですが、しかし現実としては、では、そのおじいさんに「損害の賠償」を求めたとして、実際に賠償金を支払ってもらえるのか、という問題があります。なぜか。

現実の状況としては、「軽費老人ホーム（ケアハウス）」に入っている高齢者の多くは、老人施設の運営主体である市町村の首長による「措置決定」で入所した人々です。そして、基本的にこの人々の入所にかかる「措置費」というのは市町村の税金運営となっています。

もちろん、施設の「利用料」は利用者が負担します。でも、施設の運営は、税金で賄《まかな》う公的なシステムとなっています。

なぜ老人福祉施設が公的システムになっているのか。それは、**対象になっている高齢者が経済的に余裕がない、生活に困難を抱えている人々**だからです。

経済的に余裕があれば、在宅で福祉サービスを受けることができる。でも、そうするための経済的余裕がない。だから、公的システムで運営されている老人施設に入所する。これが、現実なのです。

●答えは、こうなります **かなりむつかしい**

現実を見れば、加害者に民事責任、「損害賠償責任」が問えたとしても、実際にはそういった施設の入所者からお金をとることはむつかしい場合が多いでしょう。

ですから、損害賠償にあたる事態があったとしても、**訴訟が起きる可能性はほとんどゼロに近い**と思われます。

そういうケースでは、先に述べたように、施設運営主体に「安全配慮義務」について責任を問う、その点を争点に訴える、ということにならざるを得ないと思います。

認知症はなぜ「性的トラブル」につながるのか

質問　**突出する認知症ケース**

ここまで見てきたように、高齢者の恋愛トラブルというのは、さまざまなケースがありますが、その中では、「認知症になった人の問題」がひときわ突出していますね。それは、なぜでしょうか。

基本的な状況　**「性的脱抑制行為」**

多くの方は、「認知症になった」というと、知能や記憶など、**ほとんどの分野において**

いわゆる「認知症」の症状が出るのだろう、従来の機能が失われていくのだろう、と思われるのではないでしょうか。

でも、現実はそうではありません。

実は、**認知症になったからといって性欲が失われるとは限らなくて、逆にますます亢進する**という人もいます。これを、専門的なことばでいうと「性的脱抑制行為」、つまりこれまで性的行為を抑制していたものが脱落する、抑制しなくなる、ということがあります。

これは、認知症による行動面の症状のひとつです。この「性的脱抑制行為」によって、今回取り上げているような「性的問題行動」事件が起きているのです。これがいまの高齢者をめぐる現実であり、事実です。

私たちは、ここを状況認識、問題認識の第一歩としなければなりません。

もう少し、詳しくみてみましょう

アルツハイマー型認知症

ご存知のように、認知症は、高齢者に病的な慢性の知能低下をもたらし、いわゆる「ボケ」「物忘れ」、「徘徊」などの行動が特徴的に現われます。

「認知症」にも幾つかのタイプがあり、日本では以前は脳血管性認知症が最も多いといわれていましたが、本書の「はじめに」でも触れたように、最近はアルツハイマー型認知症が増加しているとされています。

アルツハイマー型認知症というのは、シンプルにいえば「脳が萎縮していく」病気ですが、脳が全体に萎縮することによってさまざまな機能が失われていく中、**性的な感覚を司る部分だけは残存し、結果としてその性的な分野だけが部分的に突出する**、ということがあるといわれています。

認知症の人が、老人施設や介護の現場で「性的問題行動」を起こすといわれていることの原因は、そういうことにあるのでしょう。

元気な頃は人格者といわれ、女性への興味などほとんど見せなかった男性が、高齢になり、認知症、それもアルツハイマーになったとたん、痴漢をしたりする、といった話がありますが、この原因も、このアルツハイマー独特の症状なのでしょう。

「アルツハイマー型認知症」の性的問題行動

状況の捉え方

「短期記憶障害」

アルツハイマー型認知症の人に見られる性的問題行動。発症するまでは他の多くの機能も十全に働いていますから、特に性的分野だけが突出することはなかったのに、脳が萎縮することによって、水位が下がった海から岩礁が現われるように性的分野の脳だけがむき出しになる。そのことによる問題行動。このようにいわれています。

老人福祉施設にひとりで入所している高齢者の男性が、夜になるとさびしさや不安から、**ほかの部屋にいる寝たきりの女性の部屋に忍び込んで添い寝をする……**。

あるいは、妻や夫を亡くすと、一気に認知症が進行することが多いともいわれますが、妻を亡くした男性が認知症になって入所したあと、妻に体形や性格が似ている女性に対してだけ性的行動を起こす……。

こういうのは、その人の責任ではなく、人間の悲しい性《さが》、というべきかもしれません。

しかも、認知症は「短期記憶障害」を伴いますから、自分がやった性的問題行動をまったく覚えていません。

ですから、老人施設内の三角関係でも、当事者たちがアルツハイマー型の認知症であるならば、あのときこうだったから仕返ししてやろうといったような、ネチネチとした恋愛トラブルにはなりません。

意地悪されたとしても、覚えていてどうこうするということにはなりません。つまり、**認知症の人々の間でトラブルが生じたとしても、それはいつでも、突発的単発の出来事、**ということです。

認知症のアルツハイマーで脳が萎縮している、さまざまな機能が失われているといっても、この性的分野のように脳の機能が残っている部分もあって、本人の自由な意思は完全にゼロになっているとは限りません。

そのことは、そのおじいさんが、施設で出会う多くのおばあさんの中から、特にそのおばあさんを選んでいることからも分かります。ちゃんと、自分の意思で、タイプのおばあさんを「選んでいる」わけです。

こういう問題行動を起こすおじいさん、おばあさんに対して、施設としては、前述のとおり**管理者の責任があります**から、おじいさん、おばあさんの意思に反しても、問題を起こす人も含め、皆さんの安全を確保する手立てを考える必要があります。

夫と妻がお互いの存在を忘れる

質問　家には妻が

老人施設、とりわけ「特養」に入所している認知症の高齢者男性が、一緒に入所しているどこかのおばあさんを好きになってしまう、ということがよくある、ということは分かりました。ただ、その男性高齢者には、まだ**家に妻たる高齢者の女性が存命でいる**というケースも多いと思います。そういった場合、その妻であるおばあさんはどういう行動をとることが多いのでしょうか。

答えは、こうなるようです　忘れたらトラブルにもならない

この章の最後に、ちょっとニュアンスの違うケースを紹介しておきましょう。「いちいち不倫トラブルになるわけでもない」、という展開です。

ここまでは、最も多いパターンとして、老人施設の中での恋愛トラブルの当事者は、そのおじいさんもおばあさんはすでに連れ合いを亡くし、ひとり身になっている人同士、という例を見てきました。

でも、中には、**おじいさんは特養に入所したけれど、その妻であるおばあさんは元気で自宅にいる**、というケースもあるわけです。

そして、こうした妻帯者のおじいさん、つまりいまだ法律的には婚姻生活を維持しているおじいさんが、施設の中でほかのおばあさんと「いい仲」になる。つまり、施設内高齢者恋愛であり、高齢者不倫、施設内不倫という状態の発生です。

こういう状態は、世間一般ではなかなかやっかいなトラブルになりそうな気配がするのですが、でも、ここではそれほど大きなトラブルにはなりません。

なぜならば、関係者、当事者が、みな高齢者だからです。

まずいえるのは、おじいさんが認知症で特養に入るような年齢ならば、在宅とはいえおばあさんのほうにも多少なりとも認知症が出ていることが多い、ということ。

ですから、特養に入っているおじいさん、つまりあなたの夫がこんなことをしていますよ、と聞いても「ああ、そうかい」で終わってしまって、怒るということはほとんどない。つまり、妻のほうに被害感覚がなければ「不倫トラブル」になりようがありません。

それよりも、おじいさんが特養に入っていることはおろか、**おじいさんの存在そのものを忘れてしまっている**ことすらあるのです。

一方、おじいさんのほうも、自宅に妻がいることを忘れてしまって、こっちはこっちで特養の中で別のおばあさんと盛り上がっている。

そういうことで、盛り上がりすぎて「結婚しよう」というところまで行かなければ、これはこれで一番幸せな形かもしれませんね。

法律コラム

「成年後見制度」を知っておきたい

さて、判断能力があやしくなった高齢者の問題を考えるとき、「成年後見制度」というものを知っておいたほうがいいと思います。

この「成年後見制度」は、１９９９年（平成11年）の民法改正によって、それまでの「禁治産制度」に代わるものとして導入されました。

元の「禁治産制度」というのは、イメージ的にも非常におぞましい感じがありました。それは明治民法の中で、問題ある人間を「家」を守るため排除するものとして作られたものだったからです。

つまり、判断能力がなくなれば、お金を浪費したり、勝手に財産に手をつけたりして、「家」の根幹を揺るがしかねない。そういうことになった人間は、**「家」の財産に触れないように宣告**する。それが、禁治産宣告。

そして、この宣告を受けた禁治産者は、戸籍にもこの人間は禁治産者で、誰それが後見人となった旨、記載されました。

これは、実質的に家からも社会からも排除された者である、という宣告でした。

つまり、禁治産者宣告は、排除の論理であって、支援や保護といった発想に立ったものではありません。

日本国憲法のもとの**民法の「後見」は、排除ではなく支援の制度**です、ですから、「成年後見制度」というように内容も制度の名称も変えましょうよ、となったのが、わずか10年余り前のこと。

思えば「禁治産者」という文言は、ずいぶんと長い間、人々にプレッシャーを与え続けてきたものです。そして、この「成年後見制度」への改正によって、従来のような、いわゆる「戸籍を汚す」こともなくなりました。

法定後見と任意後見

ご存知のように、老人施設に入居し、生活するにも費用がかかります。もちろん、高齢者の中にもお金持ちは多くいて、そのお金は施設の費用を賄うというときなどに使われます。

新しい「成年後見制度」の内容は、認知症や知的障害・精神障害などにより、何かを認識したり、判断する能力が不十分とされる「成人」に代わって、「代理人」がその「成人」の生活および財産を保護援助するというもの。

「後見」には、家庭裁判所が代理人を選任する「法定後見」と、現在は「大丈夫」だけれど〝将来に備えて〟ということで本人が代理人を選任する「任意後見」があります。

まず「法定後見」は、次のような形で手続きが進められます。

たとえば**75歳の男性が認知症で判断能力が低下している**といった場合、妻とか子供などの親族が、本人の住所地の家庭裁判所に「後見」の開始の申し立てをします。身内がいないときには市町村長が申し立て人になることができます。

そして、本人の障害の程度によって、家庭裁判所が「後見」「保佐」「補助」のいずれが妥当か決定します。

後見人や保佐人、補助人には、親族がなることもありますし、弁護士や司法書士といった第三者がなることもあります。

後見人になるには、特別なことは不要です。ただし、「破産者」や「被後見人に対して訴訟している者（したことがある者も含む）」とその「血族」などは後見人にはなれません。

この制度で前提としている、「対象者の知的障害・精神障害」ですが、高齢者の場合のそれは、9割がた「認知症」といっても間違いありません。

もちろん認知症にもいろいろな「型」がありますが、一般的には「認知症」ということでくくっておいて問題はないと思います。

「任意後見」の場合は、将来的に判断能力が低下したときに備えて、あらかじめ自分で選んだ代理人（任意後見人）に、**自分の生活や療養看護、財産管理などについて代理権を与える契約**をするもの。原則として、公証役場で契約を結ぶ必要があります。

そして、たとえば長女が任意後見人、その任意後見人を監督する任意後見監督人に弁護士がなる、といったケースが考えられます。

このように、近年は「成年後見制度」には私ども弁護士が関わることが多く、そういうことで、必然的に認知症の高齢者に起因するさまざまなトラブルにも弁護士が対応することがずいぶんと増えてきました。

第4章

突然
「財産トラブル」に
巻き込まれる
息子や娘たちへ

〝父の妻〟の出現と遺産トラブル

●基本的な状況 遺産トラブルになりがちだから

老人福祉施設、あるいはその周辺環境は、いまや世間でおじいさん、おばあさんと呼ばれる方々の「出会いの場」となっている。それはまるで「第三の青春」とでも呼ぶべき世界になってきている。そして、そうした高齢者の恋愛モードの中で、さまざまなトラブルも発生している――。

ここまでは、こういった状況の中でのそれぞれのトラブルの対処の仕方、解決法を見てきました。

ここからは、その続き、つまり、**恋愛から結婚に進もうとする高齢者にどう対応するか、「遺産問題」をはじめ高齢者結婚という事態が生み出すトラブル**とはどういうものか、そういったトラブルを防ぐにはどうすればいいのか、トラブルが生まれてしまったらどう解決するのか。そのあたりを考えてみたいと思います。

何が問題なのか　正常な判断による結婚か

老人施設で出会い、恋愛関係になり、その帰結として結婚しようということになった高齢者の男女がいます。もちろん、双方とも、現在はひとり身。ならば、単なる恋愛結婚ということで、どこからも「突っ込み」が入る話ではないように思われます。

でも、ふたりが生活しているところが老人福祉施設、たとえば「特別養護老人ホーム（特養）」だったとしたら、どうでしょう。状況は大きく変わってきます。なぜならば、入所者が「認知症」であるということとほぼイコールだからです。

当事者が認知症、かもしれない。そうなると、**この結婚は正常な判断の中でなされたものなのか、その有効性が問題**になってきます。現実に、こういうケースで、その点を争って男性高齢者のほうの子供から「婚姻無効」の訴訟が起こされた例もあります。まず、この事例から、問題点を掘り起こしてみましょう。

親を施設に入れて、ひと安心と思っていたのに

困った状況　**知らぬは子供ばかりなり**

子供たちからすれば、配偶者に先立たれた年老いた父を、「特別養護老人ホーム（特養）」に入れた。とりあえず、これでひと安心。父も、ここでこのままゆっくりと静かに老後を過ごしてくれるだろう……。

こういう気持ちになるのは当然でしょう。でも、子供のそういった気持ちはすぐにひっくり返されます。父親は、入所したその老人施設で、新たな出会いを得たのです。先に入所していた女性の高齢者とまもなく惹かれ合うようになり、**心ときめかせ、ふたりの恋は大いに燃え上がった**のです。

相手の女性高齢者も配偶者に先立たれた境遇。自分と同様で、「独身同士」。一生一緒に

いたいよね。結婚しようか。気分が一気にそこまで行ったのでしょう。施設の人々も、問題行動さえなければ、「あの人たち、仲がいいよねえ」とやさしく見守ってくれます。

そういう状況になっていると知らないのは、子供ばかり。婚姻届が出ていることを知った子供たちは、まさに寝耳に水。当初は驚いて、この事態をどう理解していいのか、いささかうろたえ、混乱したようです。

質問 子供にとって遺産相続はどうなる

かなり認知症が進んできた77歳の父親を「特別養護老人ホーム」に入所させました。これでひと安心と思っていたのですが、何とその施設の中で知り合った同年齢の女性と親密になって、しかも**私たち子供にひと言の相談もなく「婚姻届」まで出してしまった**ようです。本当に、こういう老人たちが勝手に出した「婚姻届」に困惑しています。

その相手の女性のことは、私たち子供はまったく知りません。もしこの女性が父の妻だと認められるとしたら、父の遺産はどういうことになるのでしょうか。

まず、答えはこうなります

子供の取り分は激減する

「お父さん、いったいどうしたんですか。僕たちにまったく相談もなく」と言って、子供たちが困惑する事態であることは、よく分かります。

ただ、この結婚については別に年齢制限に引っかかるわけでもありませんから、当人たちさえよければ、誰に相談することもなく結婚はできます。

ただ、ここで子供たちがまず心配したのは、「それでは、お父さんの遺産相続はどうなるのか。どういう分配になるのか」ということなのですね。

1980年（昭和55年）の民法改正で、遺産相続における「法定相続」は、配偶者に半分、残りの半分を子供たちで等分する、とされました。ですから、父親のこの再婚が成立すれば、結果、**子供たちの遺産の取り分は激減する**わけです。

これは、大変なことになった。子供たちの心中は察して余りある、といったところでしょうか。

その結婚は、無効ではないか

さらなる質問

結婚無効の訴え

父親が再婚したら、自分たちのまったく知らない「父の新しい妻」となる女性に遺産の半分が行ってしまう、ということは分かりましたが、それは子供としては納得できません。なぜならば、そもそも、この父親の結婚、その女性との再婚そのもの、「婚姻関係」が納得できないからです。

老人施設内の**認知症が進んでいる老人同士の結婚**は、果たして法律的に正式に認められるものなのでしょうか。結婚の無効は争えるのでしょうか。

● 問題点を整理してみましょう

「婚姻の意思」の有無

父親の再婚は、絶対に認められない。この結婚はあり得ない。子供たちのこの主張は、どういうことを根拠にしているのでしょう。

子供たちには基本的に「お父さんは、**意識が本当に正常なときに婚姻届を書いたのだろうか**」という疑問があります。

父親を「特養」に入れたわけですから、子供たちは父親が認知症であることは十分承知しています。だからこそ、どういう精神状態で「婚姻届」を書いたのか、という疑問が生じたのです。

そして、その疑問をもとに、「この婚姻は無効である」という主張をしているわけです。

さて、結婚、すなわち法律上の婚姻をするには、まず当事者に「婚姻をする意思」が必要です。

「婚姻する意思」とはどういうことかを突き詰めればむつかしい話になり、裁判例もさまざまですが、ともあれ婚姻すると夫婦は同居し、協力し、扶助する義務が生じますし、相続権が認められます。そして簡単には別れられない関係になりますので、婚姻意思は、こういう関係に立とうという意思ということができます。簡単にいえば、夫婦として暮らす意思、といってもいいでしょう。

子供たちの言い分は「そもそも父親にはこの婚姻をする意思がない、あるいはこういう意思を持つだけの能力がない」。したがって、「婚姻は無効だ」というものでした。

確かに認知症の方に「夫婦として暮らすという意思」があるのかどうなのか疑問な場合もあるでしょう。

またその意思を確認することも非常にむつかしいです。

認知症による短期記憶障害がありますから、ひょっとしたら、ご本人も「婚姻届」を出したことを忘れているかもしれません。

「この婚姻届、出したんですね。字は確かに○○さんの字ですけど」と尋ねても、「さあ、どうでしたかねえ」という対応になることも予想されます。

ただ、**「婚姻意思」の有無は届けを出すときに「有」であればよい**、ということですから、後日婚姻届を出したことを忘れていても無効ということはありません。

認知症でも「無効」にならない？

答えは、こうなります
婚姻有効というケース

「婚姻する意思」とは何かは、時に微妙な判断を求められます。

これまでの裁判例を見ると、ひとつには、当事者間の子に嫡出子（結婚しているふたりの間の子）の地位を得させるための「便宜上の方法」として婚姻届を出したというケースがありますが、このケースでは「婚姻意思」を否定しています。

また、遺族年金の受給資格を得させるために婚姻届を出したというケースがありますが、この場合は婚姻意思を認めています。

このように判例も「婚姻意思」についての判断はさまざまですが、**当事者に「あの人と一緒にいたい」**という気持ちがあるケースならば、高齢者が、老人福祉施設で恋愛をしたからといって婚姻意思を否定されることはないでしょう。

問題は、「婚姻意思」があるといえるには当事者にどの程度の能力が必要かです。

実は、結婚とか養子縁組とか、そういった「家族関係」に関する意思能力についてのハードルは、財産づくりとか財産管理といった「財産」に関する意思能力のハードルよりも低くていいとされています。

それは、家や株を買ったり売ったり、という財産を扱う場合の能力と自分の家族を考えるための能力は、自ずからレベルが違う、つまり、家族を作るということについて、そんなにむつかしいことをあれこれいう必要はないだろう、というわけです。

そして、この能力、夫婦として暮らすことを認識できる精神状態にあるかどうかをどうやって見極めるかですが、この判断は、婚姻届の「証人」となった人や**婚姻届を出すことに関わった人の証言、診療にあたった医師の判断**などによって決められることが多いでしょう。

この能力があるかないか、分からなかったらどうなるでしょう。

「婚姻届」が出されているのなら、無効という事由、この場合「能力がないこと」が認められないときは、婚姻は有効とされます。

医師立ち会いのもとで意思確認

賢い対応の仕方

届作成時の医師の立ち会い

そこで、認知症の人が結婚の意思を持っている場合、後日の紛争を防ごうとするならば、たとえば「婚姻届」を書くときに医師を立ち会わせて、**その婚姻意思があやふやなものではないことを確認**してもらう、という方法をとってもいいのではないか、と思います。

こうすれば、認知症の人が出した「婚姻届」が有効かどうか、裁判で争われるということはなくなるでしょう。

実は、認知症の人が多く入所している「特別養護老人ホーム（特養）」のかなりの部分は、提携の病院を持っています。であれば「医師が婚姻届の作成に立ち会う」ということはむつかしくはありません。

「意思能力」とは7歳の知能で足る？

もうひとつの基礎知識

意思能力と遺言能力

ところで、ここまで高齢者の「婚姻」の問題、特に認知症の高齢者の「婚姻意思」を分析する中で、「判断能力」とか、「意思能力」ということばがひんぱんに出てきています。

では、この「能力」ということについて、法律はどのように考えているのか。そのことにも簡単に触れておきましょう。

たとえば、**売る、買うという意思が合致して売買契約が成立**すると、売主は代金を請求する権利を持ち、買主は代金を支払う義務を負います。

ただし、「売買の意味」を理解する能力がない場合、売買の意思があるとはいえません。

そのような場合においても、売買の権利・義務を認めるのは不適切です。

この「自分のしている行為の意味」を理解する能力を「意思能力」といい、意思能力を欠く者がした行為は無効とされています。

ですから婚姻するなら婚姻する意思能力つまり「婚姻能力」が必要ですし、不法行為の責任を負うには不法行為をする意思能力つまり「不法行為能力」が必要なわけです。

一般に意思能力の有無は、「7歳前後の知的判断能力」が目安とされますが、不法行為のほうでは「12歳前後の知的能力」が必要となっています。

ちなみに、**「遺言能力」については、民法上、「15歳の知的能力」がなければならない**となっています。

能力ということが問われる意味を考え、それぞれの問題局面で、能力があるのかどうかが問われるわけですね。

再婚妻に遺産を渡す？　渡さない？

困った状況　いまさら離婚も面倒

最近の高齢者同士の出会いは、老人施設だけでなく、趣味のカラオケサークルとか旅行同好会とか、幅広い機会が考えられるようになってきました。

そして、連れ合いに先立たれた者同士、まだまだ心身ともに若いと思っているし、さびしさもあってか、それほど深く考えずにトントンと結婚にまで進んでしまったという話も、最近ではよく聞かれます。

しかし、実際に一緒に暮らし始めてみると、あんまりいい相手ではなかった。結婚についてはもう少し慎重に考えるべきだった。こういう**後悔の念を持つ人も少なくない**でしょう。

あるいはこのところ、芸能人だけでなく一般人にもいわゆる「年の差婚」が増えているようです。これはこれで、実にめでたい話です。

ただ、たとえば、男性高齢者と結婚した若い女性を見ていると、非常に厳しい言い方かもしれませんが、どうしても「財産目当て」としか思えない人も中にはいます。実際、年の差婚をした男性高齢者が「結婚したとたん、以前のようなやさしさがなくなった」と言うのを聞いたことがあります。

こうした場合、現実には「もう、いまさら離婚するのも面倒くさい」ということで、実質的な結婚生活は冷え切っていても法律上の婚姻関係はそのまま続けている、というケースもあると思います。

質問　愛が失せた妻には遺産は渡したくない

いまの妻と再婚した頃はこの元気がいつまでも続くように思っていたのですが、80が近くなるとさすがにもういけませんね。そして、**妻のほうもすっかり冷たくなってこちらのことをまるでごみ扱い**です。ひどいものです。まったく愛情も何もなくなってしまって、ただ惰性で一緒にいるような状態になってしまいました。

そして、自分の寿命もそろそろ、と思ったとき、ハタと気がつきました。自分は結構財産もあるのですが、自分が死ぬとこの遺産は妻にも相続されると思います。でも、それはおもしろくないので、できれば、**遺産は妻にはゼロにして、全部子供たちに残してやりたい**のですが、いい方法はあるのでしょうか。

答えは、こうなります

妻の取り分を4分の1に

高齢のお父さんが、自分が死んだときに遺産の半分がその再婚した妻に行くということに気がついたというわけですね。つまり、気にしているのは、法定相続の「妻の取り分」のことです。

自分の感情としては、何であんな女に法定相続分ということで「自分の財産の半分」を持っていかれなくちゃいかんのだ、ということ。そして、その気持ちに添って、可能ならば、妻にやるのはゼロにして、全部子供たちにあげたいものだが、法定とは別に、そういうことができるのか、ということです。

では、この法定相続という状況を変えるにはどうすればいいのか。

遺言書（遺言状）を書く、という方法があります。

しかし、いくら遺言書に書いたからといって、妻の分をゼロにするというところまではできません。

なぜならば、「遺留分」という規定があって、相続人（この例では妻）に一定の相続権が保障されているのです。被相続人（この例では高齢者の夫）の財産で生活が維持されてきた近親者（この例では妻）の利益、また近親者が被相続人の財産形成や維持に協力することもあることなどを考えたものです。

この「遺留分」は、配偶者であれば法定相続分（半分）の半分とされていますから、つまり、この例の妻の「遺留分」は4分の1ということです。

ですから、**遺言書に財産配分を指定して書けば、妻の取り分を4分の1にまでは圧縮できる**、ということになります。

困った状況の例　再婚妻にすべてを

逆のケースのことも考えておきましょう。

たとえば、遺産相続のことを考えた高齢者男性が、子供たちとは関係がよくないし、できれば「再婚してよくしてくれた妻にすべての遺産を相続させたい」と考えるということもあると思います。

であれば、先の例の妻の遺留分と同様、子供たちの遺留分を侵害することはできませんが、その分を除いてすべての遺産を妻が相続する旨を遺言書に書けばよいということです。

なお、遺留分を侵害する遺言は無効となるわけではありません。遺留分を侵害された相続人が遺留分減殺請求といって遺留分を確保する請求ができるということです。ただ、トラブルを避けるため、**遺留分を侵害するような内容の遺言を書くのは控えたほうがよい**と思います。

遺言書でトラブルを回避する

●賢い対応の仕方　医師の立ち会いやビデオの撮影

ここで、「遺言書」について簡単に触れておきましょう。

遺言書には普通、「自筆証書遺言」と「公正証書遺言」、そして「秘密証書遺言」の3つの方式があります。

「自筆証書遺言」は、代筆やワープロ打ちではなく、文字どおり「遺言者の自筆」で全文が書かれ、それに日付と署名、押印したもの。

「公正証書遺言」は、遺言内容を口で言ったものを公証人が文書にしたもの。2名の立会人が必要ですが、最も確実なものといわれています。

「秘密証書遺言」は、**遺言内容を秘密にしながら公証人の関与を得て作成される**ものです。

我々弁護士もこの作成のお手伝いをしていますが、この件でもまた「認知症」などによる知的能力、意思能力のレベルが問題にされることは多いです。

つまり、その「遺言書」は当事者が本当に正常な意識があったときに書かれたものか、遺言書に書かれた内容によって、とりわけ財産分与などの面で不利をこうむる側から、争われることがあります。

ですから、特別養護老人ホーム（特養）の入所者だけでなく、認知症などでかなり知的能力、意思能力があやしくなっていると見られる高齢者が遺言書を作成しようというときには、医師に立ち会ってもらうことを勧めます。

また、念のため、**遺言書を作成するときの状況をビデオに撮っておく**、ということもあると思います。

こういう対応などは、のちのちのトラブルを考えれば、当然の措置ともいえるでしょう。

先に「婚姻届」の項で、特養などでは入所者が「婚姻届」を書くときは、提携病院の医師に立ち会っていただくことを勧めるという話をしました。

実は「婚姻届を書く」ということはそのまま、何事もなく自分が死ねば配偶者に遺産の半分（法定分）を与えると「遺言」しているのと同じだからです。

何でも「遺言」できるのか

●基本的な知識　法的効力とは別に

高齢者恋愛と結婚、そしてその後の財産相続トラブルということで、遺言書の効力について紹介してきました。

もちろん、遺言書が効力を発揮するということで一番よく知られているのは「財産分与」ですが、では、そのほかにどういったことが遺言書に書かれるのか、ちょっと見ておきましょう。

よく、作家や財界人などの有名人が亡くなったあと、遺言なるものが公開されます。そういう中で有名なものには、**白洲次郎さんの「葬式無用」**などがありますが、こういう事項は実は本人の希望にすぎなくて、法的効力とは無関係。

葬式無用。だけれど、あとで盛大な「お別れの会」とか「しのぶ会」が行われる。これも世間の常識どおりです。

あるいは、「家族仲良くせよ」などという「遺言」も、もちろん法律の範疇《はんちゅう》ではありませんね。

適切な対処を考えましょう　あいまいさを除外する

ただ、「家族仲良く」といった事項などは法的に効力があるものではないから遺言として意味がないか、といえばそうではありません。それは、厳然とした故人の遺志なのですから、**家族としては大いに尊重しましょう**、ということになるでしょう。

遺言が効力を発生するときは、遺言した人は亡くなっています。したがって、これはどういうことですか、といった疑問が生じるような「あいまいさ」が遺言にあっては困ります。このことから、遺言の方式は先に紹介したような形で厳格に定められるとともに、「遺言できる事項」が法定されています。

法的な効力を持つ遺言項目としては、財産のほかには、「隠し子の認知」をしたり、お墓をどうするのかといったことを決めることのできる「祭祀継承者」の指名、あるいは、たとえば病弱の**遺児の行く末が心配される場合の「未成年後見人」の指名**などについて書くことができます。

遺産だけでなく、こういった事項に関連した心配事などがある人は、遺言書を書くかどうか、よく考えたほうがよろしいのではないでしょうか。

なお、微妙な項目としては、「葬式の形式」を指定する、あるいは「臓器提供」の意思表示などがあります。

どういう場合に遺言書を書くべきか

●ぜひ、覚えておきましょう

特定の人に、という場合も

日本では、「相続」という規定が民法できっちりと作られています。遺言がなければ自動的に法律が定めた相続となります。

この「法定相続」は、遺族、つまり遺された家族に遺産が公正・公平に行き渡るように、相当綿密に作られています。ですから、財産の処分については必ずしも遺言書を作る必要はありません。

しかし、**紛争を防ぐために、遺言書を書いたほうがいい**、あるいは書かなければいけないという場合があります。

まずは、子供がいない場合です。

配偶者はどういう場合でも相続人となりますが、子供がいなければ父母か祖父母、父母も祖父母もいなければ兄弟姉妹、さらに兄弟姉妹がいなければ甥、姪が配偶者とともに相続人となります。

実際のところ、遺された配偶者が日頃行き来もない亡くなった方の兄弟姉妹あるいは甥、姪との間で遺産分割協議することは、きわめて大変な作業になります。まず、**その人たちがどこに住んでいるのか捜さなければいけない**ということもあるでしょう。

こういった場合、遺言執行人も決めておけば、遺言執行人が相続人の判を得ることなく、建物の名義を変えたりできます。

次に、相続人が高齢者の場合。

老老介護ということばがよくいわれますが、最近は、亡くなった人だけでなく相続人も高齢化し、中には真に認知症の人もいることが珍しくありません。この場合、もちろん、成年後見を利用して解決することができますが、遺言で対処することが簡明です。

ほかに、事業の継承をスムースに行おうとするとき。

家業を特定の子供が引き継いでいるときに、事業の本拠を分割するわけにいきません。

会社経営の形にしていても株式を単純に共同相続するのでは事業に支障が出ることも多い

でしょう。ですから、事業を誰がどのような形で継承するのかを遺言しておけばよいと思います。

あるいは、特定の子供に生前贈与をしていた場合。

自らの財産形成や維持に協力してもらったり、また療養看護をしてくれた人に多く相続させたいという場合。

生前贈与があった場合には、遺産分割においては、「その贈与分は遺産の中にある」として扱われます。しかし、その贈与の事実があったのかどうか、またそれをいくらと評価するのかをめぐって争いとなることがあります。ですから、まず生前贈与が特定の人物にあったことは遺言書に明記しておくべきでしょう。

家業を手伝ったという人へのプラス分（寄与の精算）も、その評価をめぐり争いとなります。相続人の配偶者が被相続人の介護にあたった、というときなどはよくもめます。

こういった、**特定の相続人に特に多く相続をさせたいというときは必ず遺言を利用すべきです。**

また、先に紹介した、この配偶者には財産を渡したくないと思う場合もそうですが、たとえば、何人かいる子供のうち、ある子供の障害が重くて、将来的に苦労が予測されるので、その子に多くの財産をあげたいという場合も遺言書で明記するとよいでしょう。

特に後者の場合は、**遺言書で理由も書いて、ほかの子の理解を得る**ようにしてあげることが残された皆さんのためになると思います。

遺言はお金持ちの話で、うちには財産なんてないから無関係だな、というわけにもいきません。

自宅だけしか財産はありません、というときでも、現物で分けることも、売ってお金で分けることもむつかしい場合があります。そういうとき、分割の方法を指定してあげるといいでしょう。

法律コラム

英米には「法定相続」がないから

世界的に相続の問題を見てみると、英米法には「法定相続」がありません。ですから、遺言書を書いてないと、遺産の行方がどうなるか分からない、というところがあります。この点、しっかり民法に規定が書かれている日本とはまったく事情が違いますね。

英語の「WILL」は、法律用語としては「遺言書」と訳します。

ご存知のように、「WILL」の原義は「意思、願い」です。ですから、家族に対する愛情があれば、**自分の意思、願いとして「WILL」を書くのは当たり前だ、**というのが英米法の考え方です。

しかし、ヨーロッパでもフランスなどは、それほど遺言を書きません。日本は、このフランスの法律の中の「相続法」の考え方を受け継いでいます。

実は、日本でも封建主義の時代、武家社会の江戸時代までは「法定相続」などといえる規定はなかったわけですから、遺言書を書く必要がありました。なにしろ大名家など、遺言を書いて跡継ぎから何から決めておかないと、すぐお家取りつぶしにあったのですから大変だったと思います。

人によっては「日本には遺言文化がない」といいますが、そんなことはありません。日本は昔は遺言文化だったのに、**明治民法ができてから遺言書は書かれることが少なくなった**、というのが正確な認識だと思います。

知らないおばあさん＝「亡父の妻」の面倒は？

質問　「亡き父の妻」の世話はどうする

「多くの場合、遺産があるからトラブルが発生する」といわれますが、では、高齢者恋愛で再婚したおじいさんに遺産といえるものが何もなければ、おじいさんが亡くなったとき、遺された再婚妻のおばあさんと亡くなったおじいさんの子供たちの間にトラブルは生じないのでしょうか。

たとえば、亡くなったおじいさんの子供たちは、その**残された妻、つまりあまりよく知らないおばあさん**を「自分たちの母親」として世話をし、面倒をみなければならないのか。

いわゆる「扶養義務」があるのかということです。

●答えは、こうなります

人情の部分もある

法律上では、その相手が高齢であろうがなかろうが、子供たちに父の再婚相手に対する「扶養義務」はありません。

「扶養義務」を負うのは、原則として、直系親族と兄弟姉妹に対してだけ。分かりやすくいえば「血のつながりのある者」だけに扶養の義務があります。これは、第1章の「事実婚」のところでも、逆立場、つまり親の側からの心配（誤解）というテーマでも触れたとおりです。

父の再婚相手といえば、義理の母、つまり「親」ということになるわけですが、法律上は、父親の奥さんというだけの話。姻戚ではあるけれど、血族ではない。血のつながりはないのですから、扶養義務は発生しません。

冷たいようですが、法律的にはそういう話です。いわゆる「後妻」というのは、そういう立場なのです。ですから、ここから先は、人として、という話になるでしょう。

短い間だったけれど、父親の連れ合いになった人なんだから、まあ、亡くなるまではお世話しましょうか。こういう、**人情の分野の話**です。

あるいは、血のつながりもない、法的な義務も何もない、けれど、「お父さんの奥さんだった人をほうっといて、ひどくないですか」とか、**世間からまるで人でなしのように言われるのもいや**なので、まあ、面倒みましょうか、ということもあるでしょう。

また、そういった世間の目は別にして、「父親の妻だった」というだけでその人から「面倒をみてくれ」とか、「世話をしてくれ」とか求められるのは腑に落ちない、と言う人もいるのも事実です。

これまで見てきたような、ある日突然父親が連れてきたおばあさんに対しては、「あとは、ご自由に。我々は関係ありませんから」という態度で接するのも当然といえば当然かもしれませんね。

逆に、親の再婚相手の財産は「相続」できない

質問　**「亡き父の妻」の個人的な財産は**

父親の**再婚相手の面倒はみる義務はない**、ということは分かりました。また、父の妻ですから、遺言がない限り、法定相続で父の遺産の半分はその人が相続するということも分かりました。

では、その人に個人的な財産があったとしたら、その人が亡くなった場合、その財産はどうなるのでしょうか。誰が相続するのでしょうか。

答えは、こうなっています　**あくまで、その人の財産**

父親が亡くなって、再婚した高齢の後妻が残された、という場合ですが、これにはもうひとつ、財産にまつわる「問題パターン」があります。

それは、その残されたおばあさん、父の再婚相手、子供たちにとっては**義理の母ですが、この人がもともと独自の、自分の財産を持っていた**という場合です。これは、再婚同士の場合、当然考えられるケースでしょう。

おばあさんのほうは、元の夫と死別したあと、今回亡くなったおじいさんと高齢恋愛をして、再婚した。その時点で、元の夫と死別したときにその夫の遺産を相続していた。

これは、あくまで、そのおばあさんの財産です。その財産は再婚相手のおじいさんには何の関わりもありません。ですから、おじいさんの息子や娘にとっても、そのおばあさん独自の財産には何の関係もない、ということになります。

そして、おばあさんの再婚相手のおじいさんが今回亡くなった。すると今度は、このおじいさんの遺産の半分も、法定相続できる。これは当然の話で、そうなるわけです。

次にそのおばあさんが亡くなったなら、おばあさんが持っていた財産はどうなるか。あくまで血のつながりでの財産相続ですから、前の夫との間にできた子供たちに行きます。

特別縁故者、養子縁組、「負担付」遺贈という方法

質問　**相続人がいない場合**

では、亡くなった父親の再婚相手が個人的な財産を持っていて、そして、前の夫との間には子供も他の身寄りもいない、つまり**父の後妻の財産を相続する者がいない**、という場合のことを教えてください。その人が亡くなったとき、その財産はどうなるのでしょうか。

答えは、こうなります　**特別縁故者と国庫**

父親の後妻に財産もそこそこある、しかし、その相続人はいない。こういうケースは、高年齢再婚では、十分に考えられることですね。そして、特に不動産があるという場合、

放置もできないと思われます。

まず、「相続人がいない」という場合ですが、それまでその人と同居していた人や世話をしていた人など、何らかの利害関係を持つ人が、裁判所に「相続財産管理人」の選任を申し立てれば、裁判所は相続財産管理人を選任します。

そして、相続財産管理人は、債権者などを捜し、財産を換価処分し、債務があればそれを支払います。借金があればきれいにするということです。

その上で、残った財産があるとき、亡くなった人と生計を同じくしていた人や、亡くなった人の療養看護に努めたなど「特別縁故があった人」に残った財産を与え、なお残りがあると「国庫」に納めます。

ですから、血がつながっていなくても、**再婚相手の子供たちが「特別縁故者」という申し立て**をすれば、後日、その「後妻さん」の財産を得る可能性はあります。

●もうひとつの答えもあります

養子縁組という方法

財産を得るということからすれば、その女性の存命中に養子縁組するということも考えられます。

養子縁組をすればその人は単なる父の後妻、いわば義理の母、というのではなくて法律上の親、親子関係になります。するとその子供は、本当の血のつながりがなくても遺産相続人となります。

その後妻さんも、養子縁組をすることによって、夫の子供たちともいい関係を作ることができることもあると思います。

しかし、「養子縁組をしなければ、遺産の相続権はない」などという知識だけが突出すると、今度は、当該のおばあさんを圧迫し、**ひどい場合は虐待して「養子縁組届」を書かせてしまうのではないか、**という懸念も生まれます。

実際、懸念ではなく、無理やり「養子縁組届」を書かせたということが分かり、犯罪として追及されたというケースもあります。こういうことも、これから高齢者恋愛トラブルのひとつの例として浮上してくることを警戒していかなければならないでしょう。

最後に、もうひとつの答え 「遺贈」という考え方も

最後に、この残された後妻のおばあさんが先述したような「遺言書」を書くケースを考えてみましょう。

おばあさんが誰かに「財産を遺贈する」と遺言書を書いておけば、相続財産管理人選任の問題は生じません。これが「遺贈」ですね。

おばあさんに相続人がいるかいないかは別として、夫の子供たちと同居しているときなどに、**「自分の財産をあげるから、その代わり死ぬまで面倒をみてね」という思いで遺言書を書く**、ということもあるでしょう。つまり、一種の「条件付」といいますか「負担付」といいますか、こうしてくれれば「遺贈」しますよ、というわけです。

遺言書を書いた後、もし当該の子供たちが面倒をみてくれなければ、その遺言を撤回する遺言書を書くか、それとも全財産を福祉団体に寄付するなど先の遺言書と内容の異なった遺言書を書けばいいです。

複数の遺言書があり、相互に齟齬《そご》がある場合は、最後の遺言書が有効です。

でも、どうせ書くなら、「面倒をみてくれているから、自分の財産をあげるわ」というのが互いにハッピーですよね。

ネットトラブルと「利用料金」

元気な高齢者男性が、パソコンの操作がよく分かってないのに、しかも、はっきりとした意思ではなく、興味本位で何となく「出会い系サイト」やら、いわゆる「アダルトサイト」などを見ているうちに、ついつい「入会する」ボタンをクリックしてしまった……。

実際、こういうケースは本当に多いと思います。そして、そういうサイトを見ていることを人に知られるのが何となくはばかられ、業者に言われるままに「請求された金額」を支払ってしまった。こういう高齢者も決して少なくないと思います。

いうまでもなく、はっきりと支払う約束をしていなければその料金を支払う必要はありません。同様に、**きちんとした意思のないまま交わした契約は無効**となります。あやふやな判断の中で「入会する」や「同意」のボタンをクリックしたケースもおおよそこれにあたるということになるでしょう。

ですから、高齢者でも、社会的地位のある人でも、恥ずかしがらず勇気を持って支払いを拒否しましょう。

ただ、向こうもプロですから、「よく分からないまま入会のボタンをクリックしてしまった、だから利用料金は払わない」、と言うと、業者のほうは、「説明をよく読めば分かったはずだ」などと反論してくることが考えられますね。

つまり、たとえば、利用者は、このサイトの利用は「無料」と大きく書いてあるから無料だと思ったというけれど、無料は「会員登録」のことであって、利用については有料と説明に書いてある。こういうわけです。

この場合でも、事業者は利用者との契約に際し、利用者に対して「何かをした場合は料金が発生すること」や「その条件」について明示すべきだとされており、また、料金が発生する場合には「これは別料金ですよ」などと適切に警告しなければならない、とされています。

ですから、そのような条件の「明示」や課金についての「警告」がない場合、消費者契約法第四条で**契約を取り消し、代金の支払いを拒む**ことができます。

あるいは、この「契約の取り消し」はできないけれど、「契約の中途解除」ができることもあります。

ただし、その場合は高額な違約金の支払いが約されている場合がありますが、その場合でも、その「サイト」が先述した「特定継続的役務提供」業者ならば、特定商取引法によって契約解除の違約金の上限が定められています。

つまり、サービスが提供される前であれば3万円が上限。いくら業者が「解約金、違約金は20万円だと書いてある。同意したじゃないか」と言っても、3万円以上払う必要はありません。

それがサービス提供後の解約であれば、2万円もしくは契約残高の20パーセントに相当する金額のうち、低いほうの金額をすでに提供を受けたサービスの対価にプラスした額が上限となります。

また、先に紹介したような「運営業者の行為が詐欺である」場合は、もちろん料金を払う必要はありません。

ほかにも、悪質な業者の場合は、サービスの内容に比べてとんでもなく高額な料金が設定されていたり、法外な解約金、違約金が定められていたりと、詐欺まがいのことが行われているケースがあります。

そのような場合には、いわゆる「公序良俗」に反するものとして**無効、したがって料金の支払いを拒むことができる**、ということもあります。

身に覚えのない件での「調査」や「金額請求」のメールが来たら

これも、高齢者とネットに関わるトラブルで、よくある話です。

ある日、全然知らない会社からのメールが入り、○○リサーチという普通の社名だったので開いてみると、電話番号も担当者名も明記した上で、「サイト運営会社からの依頼で、料金滞納の件であなたの調査をする」とのこと。そして、お互い、面倒なことにならないように相談に乗りたい。期日までに連絡がなければ、会社や関係者まで調査をしなければならなくなる、というわけです。

この件には、まったく身に覚えがない。ただ、ひょっとして「アダルトサイト」などをパラパラと見て、ボーッとしているときに、わけも分からずどこかをクリックしたかもしれないな、という一抹の不安がある……。

こういうとき、先方に連絡を入れたほうがいいのか。その会社は、社団法人○○協会所属などと、**もっともらしい組織名も連記している**のだが、信用できるものか……。はて、さて、どうしたものか。

こういう形で突然入ってくるメールは、振り込め詐欺の電話と同じく、まったく無差別に適当に送りまくっているものが、たまたまあなたのところに入っただけ。それを、たまたま見た高齢者が、この一種「脅し」のような文面に驚いて、連絡してくることを待って、本格的な詐欺に取り込んだり、悪事に巻き込もうとするものです。

インターネットやメールといった世界に不慣れな高齢者、記憶があいまいだと自覚してる高齢者、面倒なことに巻き込まれたくない、世間体が悪いので金で解決できることなら金で、と考えがちな高齢者、こういう**世代的な特徴をついての悪質なメール**です。

ですから、無視すればいいのです。

まず、書かれていることはすべてフィクション、適当に書かれたものですので、まったく気にすることはありません。ほうっておいてかまいません。そうすると、ひょっとしたら次は金を要求するメールが入るかもしれませんが、それも同じことですから、一切無視しておけばいいでしょう。これで、何の問題もありません。

ご心配なく。

あとがき

男女が恋愛し、同居や結婚に進み、家庭を持ち、子を育て、自らも社会の中で育ち活動する。そして老後は静かに穏やかに暮らし、やがて死を迎える。こういうことは、私たち**現代人の中では、当たり前の人生サイクル**としてとらえられてきました。

いまや日本の現代社会は、世界最高レベルの高齢化社会を迎え、高齢の方々の恋愛も増加し、それに伴うトラブルも多くなりました。また、自分の若い時代と違う環境の変化に対応できなかったり、認知症になる方も多くなりました。

本書では、ご承知の「木嶋佳苗」事件をはじめとする高齢者に関わるマスコミの記事なども参考にしつつ、高齢者の恋愛、結婚、離婚、扶助・扶養、後見、また相続、さらには最近目立つネット被害などにおいてどのような問題があり、どう対処すればいいのかを見てみました。

なお、ネットに関する高齢者のトラブルについては、ここでひと言だけ書いておきたいことがあります。それは「インターネットの利便性ばかり強調し、安易に高齢者にインターネット利用をすすめる」風潮そのものも見直す必要があるのではないか、ということです。

近頃、インターネットを安全に利用するためには、リスクをはらむサイトに対して直感的に「あやしい」と感じる嗅覚、つまりネットリテラシーの向上が叫ばれています。しかし、それは、高齢者向けのパソコン教室などで一朝一夕に身につくものではありません。あふれる**情報をクリックひとつで取捨選択することに慣れていない高齢者**たちにとって、ネットリテラシーの向上を図ることは相当むつかしいといわざるを得ないのではないでしょうか。ぜひ、関係各位にご一考を願いたいと思っています。

さて、振り返ってみれば、今のお年寄りは実に元気ですが、失われた20年といわれるバブル崩壊後、社会に閉塞感が充満し、明日への希望が見いだせない状況が続いています。その最大の原因は、実は少子高齢化の対応ができていないことにあるように思います。15歳から65歳までの生産年齢人口の減少が給料の減少を招き、給料の減少が消費の減少をもたらし、消費の減少が企業利益の減少を来し、企業利益の減少が給与の減少を招く、負のスパイラルが続くといわれています。

ならば、元気なお年寄りが今立つべきではないか。働くにしても、遊ぶにしても、そして恋愛するにしても、従前と同じである必要はない。柔軟に**自分に合った仕事、遊び、生き方**をする。それが日本を救うのではないか。

そんな思いを、この「高齢者恋愛トラブル」の分析と賢い対処法を考える中で強く感じたということを最後に記しておきましょう。

本書執筆に際しては、明治大学法科大学院専任教授で私の事務所のパートナーである平田厚弁護士、そして松浦裕介弁護士に多大な教授をいただきました。また、刊行につきましては編集工房・鯛夢の谷村和典氏にご尽力をいただきました。

感謝の意を表して、筆をおきたいと思います。

日比谷南法律事務所　西本邦男

〈著者プロフィール〉
西本邦男（にしもと・くにお）
弁護士・日比谷南法律事務所
元日本弁護士連合会常務理事。平成15年度第二東京弁護士会副会長。
高知県出身。中央大学法学部卒業。企業法務、交通事故、労働・倒産事件、民事暴力介入対策などに携わる。医療法人、社会福祉法人の監査役・顧問、また破産管財人、民事再生監督委員もつとめている。
著書に『くらしの相談室　お墓の法律Q&A』（有斐閣）、『示談金、本当にその金額でいいですか？』（経済界）などがある。

枯れ木に花が咲いたら、迷惑ですか?
高齢者恋愛トラブル相談室
2013年2月25日　第1刷発行

著　者　西本邦男
発行人　見城 徹
編集人　福島広司

GENTOSHA

発行所　株式会社 幻冬舎
〒151-0051　東京都渋谷区千駄ヶ谷4-9-7
電話　03(5411)6211(編集)
03(5411)6222(営業)
振替00120-8-767643
印刷・製本所：図書印刷株式会社

検印廃止

ISBN978-4-344-02345-1　C0095
幻冬舎ホームページアドレス　http://www.gentosha.co.jp/

この本に関するご意見・ご感想をメールでお寄せいただく場合は、
comment@gentosha.co.jpまで。